Le tour du monde en 80 jours

Adaptation de **Sarah Guilmault**
et **Sandrine Ravanel**
Illustrations de **Fabio Visintin**

DeA LINK

Écoute l'audio sur ton smartphone

1 Télécharge l'App **DeALink**

2 Utilise l'App pour scannériser la page

3 Écoute l'audio

DeA LINK

Télécharger dans l'App Store

DISPONIBLE SUR Google Play

Secrétariat d'édition : Chiara Blau
Rédaction : Manuela Antoniazzi
Conception graphique : Sara Fabbri, Erika Barabino
Mise en page : Annalisa Possenti
Recherche iconographique : Alice Graziotin

Direction artistique : Nadia Maestri

© 2018 Cideb
Première édition : Janvier 2018

Crédits photographiques :
iStockphoto; ©Abecasis/MONDADORI PORTFOLIO/LEEMAGE: 4; Timeline Images/Alamy Stock Photo: 8; The Print Collector/Print Collector/Getty Image: 72; Mary Evans/AGF: 76.

Dans cette période de transition, l'éditeur a décidé de respecter l'orthographe traditionnelle.

Pour toute suggestion ou information, la rédaction peut être contactée à l'adresse suivante :

info@blackcat-cideb.com
blackcat-cideb.com

ISBN 978-88-530-1726-0 Livre + CD

Imprimé en Italie par Italgrafica, Novara.

Sommaire

n. piste
mp3

LE TEXTE EST ENTIÈREMENT ENREGISTRÉ.
Le symbole avec le numéro de piste indique une piste présente
sur le CD audio inclus. Le symbole mp3 indique une piste téléchargeable
depuis notre site, blackcat-cideb.com.

Jules Verne

Jules Verne naît à Nantes le 8 février 1828. Il reste dans sa ville natale toute son enfance. À onze ans, il fait une fugue et tente de s'embarquer comme mousse¹ sur un bateau qui part pour les Indes. Remis dans le droit chemin, il poursuit ses études et passe son bac en 1846. Sa vocation d'écrivain se profile déjà, mais c'est à une carrière juridique comme son père qu'il est destiné et il part à Paris pour faire des études de droit qu'il délaisse bien vite pour le monde du théâtre. Il écrit ses premières pièces. À 28 ans, il rencontre Honorine de Viane, une veuve qui a deux filles, et se marie avec elle un an plus tard, en 1857. Leur fils, Michel, naît en 1861.

Passionné par les découvertes scientifiques et techniques, il s'engage ensuite sur la voie du « roman de la science ».

Une rencontre décisive

En 1862, Jules Verne fait la connaissance de Pierre-Jules Hetzel, qui va devenir son ami et son éditeur. Ce dernier le soutient dans ses travaux d'écriture et signe avec lui un contrat pour les vingt années suivantes. Dans les années 1863-1865, il devient célèbre

---

1. un mousse : un jeune marin.

avec la publication de ses trois premiers grands romans : *Cinq semaines en ballon* (1863), *Voyage au centre de la Terre* (1864) et *De la Terre à la Lune* (1865).

Le précurseur de la science-fiction

L'une de ses grandes qualités est d'avoir réussi, grâce à son sens de la documentation, à adapter au genre du roman les conquêtes et les découvertes des savants de son époque. Il a su les mettre au service d'une imagination incroyable qui a fait de lui, bien souvent, un visionnaire.

En 1871, il s'installe à Amiens comme ville d'attache d'où il écrit *Le tour du monde en 80 jours*, publié en 1873. L'inspiration du célèbre roman vient de la volonté de l'auteur de décrire le monde entier sous la forme d'un roman géographique et scientifique. Fidèle aux aspirations de son époque, il traduit l'intérêt porté aux voyages, à la géographie, aux découvertes.

▶ La maison de Jules Verne à Amiens.

Un écrivain à la renommée mondiale

Jules Verne meurt le 24 mars 1905. Écrivain populaire, l'un des plus traduits et des mieux payés de son époque, Jules Verne est, aujourd'hui encore, parmi les auteurs les plus lus au monde et ses œuvres jouissent d'une grande popularité, surtout auprès du jeune public.

1 Lis le dossier et dis si les affirmations sont vraies (V) ou fausses (F).

		V	F
1.	Jules Verne naît à Amiens.	☐	☐
2.	Jules Verne étudie le droit à Paris.	☐	☐
3.	Pierre-Jules Hetzel a joué un rôle décisif dans la carrière de Jules Verne.	☐	☐
4.	Jules Verne ne s'intéresse pas aux découvertes de son temps.	☐	☐
5.	À la fin de sa vie, Jules Verne écrit des pièces de théâtre.	☐	☐
6.	Jules Verne figure parmi les auteurs les plus lus au monde.	☐	☐

2 Lis attentivement la biographie de l'auteur et retrouve à quels événements de sa vie correspondent les dates suivantes.

Dates	Événements
1828	
1846	
1857	
1862	
1873	
1905	

Personnages

De gauche à droite : Phileas Fogg, Passepartout et le détective Fix.

1 **Lis la présentation du Reform Club et réponds aux questions.**

Le Reform Club

Le Reform Club est l'un des plus fameux clubs privés de Londres. Il a été fondé en 1836 par un riche député anglais à des fins politiques puis sociales. À l'époque, le Club était réservé aux aristocrates membres du Parlement. L'immeuble où il se situe date du XIXe siècle et se trouve au numéro 104 de la rue Pall Mall.

Aujourd'hui comme autrefois, sa discrète entrée est fermée par une grosse porte verte. À l'intérieur, il règne une atmosphère de luxe et de nombreux portraits recouvrent les murs.

Le Reform Club est l'un des premiers cercles à disposer de chambres à coucher et d'une bibliothèque interne. En 1981, le Club s'est ouvert aux femmes, une première parmi les Gentlemens' Clubs londoniens. Actuellement il compte 2700 adhérents, dont 400 femmes, mais il reste l'un des clubs les plus prestigieux, chers et privés de Londres. Sa célébrité lui a notamment été donnée par l'écrivain Jules Vernes dans son roman *Le tour du monde en 80 jours*. C'est dans ce club que Phileas Fogg joue au whist et lit les journaux.

1. À quelle classe sociale appartiennent ou ont appartenu les membres du Reform Club ?
2. De quoi dispose le Reform Club pour le confort de ses membres ?
3. En quelle année le Reform Club s'est-il ouvert aux femmes ?
4. As-tu déjà entendu parler d'une institution britannique de ce type auparavant ? Si oui, rédige un mini exposé de présentation de celle-ci.

2 Souligne l'intrus qui se cache pour chaque catégorie comme dans l'exemple ci-dessous.

0. Délit : vol, <u>gentleman</u>, prison, pirate.

1. Détective : police, arrestation, enquête, pari.

2. Argent : banque, chèque, journaux, caissier.

3. Cirque : clown, éléphant, acrobate, bison.

4. Duel : revolvers, jeu, honneur, témoin.

5. Train : voie ferrée, wagon, mécanicien, colonel.

6. Voyage : cabriolet, cabine, maison, capitaine.

7. Feu : torche, flamme, fer, bois.

3 Complète la grille de mots-croisés à l'aide des illustrations.

VERTICALEMENT

1

3

6

7

HORIZONTALEMENT

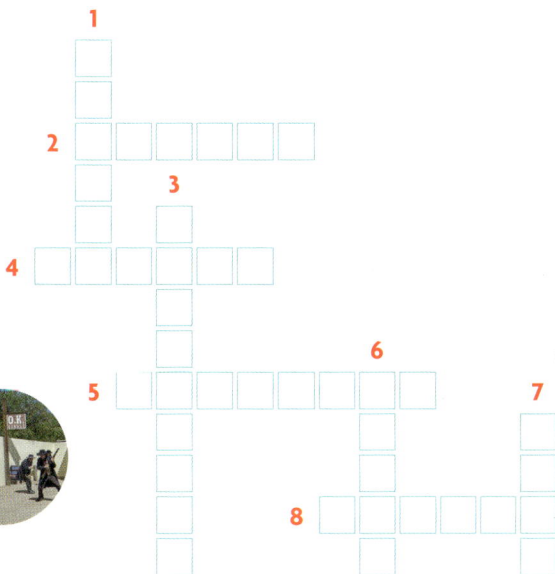

2

4

5

8

Mr. Fogg rencontre Passepartout[1]

Mercredi 2 octobre

🔊
piste 02

*N*ous sommes à Londres en 1872, dans la maison d'un personnage assez mystérieux. Phileas Fogg, c'est ainsi qu'il se nomme, est membre du Reform Club. On sait très peu de choses sur lui : c'est un homme galant et l'un des plus beaux gentlemen de la haute société anglaise, voilà tout. Est-il riche ? Incontestablement. Mais on ne sait pas comment il a fait fortune.

---

1. un passe-partout : une clé qui permet d'ouvrir des serrures différentes.

A-t-il voyagé ? Il connaît bien la carte du monde et possède des connaissances impressionnantes sur les pays les plus lointains. Il a donc probablement voyagé, ou en tout cas, dans sa tête, car certains affirment qu'il n'a pas quitté Londres depuis de longues années.

C'est un gentleman peu communicatif qui aime le silence. Et pourtant, on croit connaître sa vie, simplement parce qu'il fait mathématiquement toujours la même chose.

Son passe-temps est de lire les journaux et de jouer au whist[2], jeu du silence qui convient bien à sa nature. Il gagne souvent, mais ses gains sont destinés aux œuvres de charité. Il joue pour jouer, pas pour gagner : le jeu est pour lui une lutte sans mouvement, sans fatigue.

Phileas Fogg vit seul dans sa maison de Savile Row, où personne ne pénètre, sauf son domestique. Il n'a ni femme, ni enfants, ni parents, ni amis. Il déjeune et dîne au Club à des heures chronométriquement déterminées, dans la même salle, à la même table. Il rentre chez lui à minuit précis pour se coucher. De son domestique, il exige une ponctualité et une régularité extraordinaires.

En effet, ce jour-là, Phileas Fogg vient de renvoyer son unique valet parce que celui-ci a apporté de l'eau trop chaude pour sa barbe. Il est assis dans son fauteuil, le corps droit, la tête haute. Il regarde, impassible[3], le mouvement régulier des aiguilles de la pendule. Il attend le nouveau domestique qui doit se présenter entre onze heures et onze heures et demie car, à onze heures et demie pile[4], Mr. Fogg doit comme d'habitude se rendre au Reform Club.

On frappe à la porte. Un garçon âgé d'une trentaine d'années pénètre dans le salon et se présente.

---

2. le whist : un jeu de cartes.
3. impassible : calme.
4. pile : ici, juste, exactement.

– Vous êtes français et vous vous appelez John ? lui demande Phileas Fogg.

– Non, en réalité je m'appelle Jean Passepartout, un surnom qu'on m'a donné parce que je réussis toujours à me tirer d'affaire[5]. Je crois être un honnête garçon, Monsieur, mais je dois avouer que j'ai fait plusieurs métiers. J'ai été chanteur, écuyer[6] dans un cirque, professeur de gymnastique et sergent de pompiers à Paris. Puis, j'ai quitté la France et depuis cinq ans je suis valet de chambre en Angleterre. Cependant, je viens d'apprendre que Mr. Phileas Fogg, l'homme le plus exact et le plus sédentaire[7] du Royaume-Uni, cherche un nouveau domestique. Je me suis donc présenté à vous dans l'espoir d'y vivre une vie tranquille.

– Passepartout me convient, répond le gentleman. Vous m'êtes recommandé. J'ai de bons renseignements sur votre compte. Connaissez-vous mes conditions ?

– Oui, Monsieur.

– Bien. Quelle heure avez-vous ?

– Onze heures vingt-deux, répond Passepartout en tirant des profondeurs de son gousset[8] une énorme montre d'argent.

– Vous retardez de quatre minutes, dit Mr. Fogg. Donc, à partir de ce moment, onze heures vingt-six du matin, ce mercredi 2 octobre 1872, vous êtes à mon service.

À ces mots, Phileas Fogg se lève, prend son chapeau de la main gauche, le place sur sa tête avec un mouvement d'automate et disparaît sans ajouter une parole. Malgré cette rencontre rapide, Passepartout a soigneusement regardé son futur maître. C'est un homme de quarante ans environ, au visage noble et beau, il

---

5. se tirer d'affaire : se sortir de toutes les situations.
6. un écuyer : une personne qui s'occupe des chevaux.
7. sédentaire : qui reste le plus souvent à son domicile, sort peu.
8. un gousset : une petite poche du gilet ou de l'intérieur de la ceinture du pantalon où l'on met en général une montre.

est grand, il a une moustache et les cheveux blonds. Calme, flegmatique [9], l'œil pur, la paupière immobile, bref, c'est le type d'Anglais impassible. Phileas Fogg est extrêmement précis, jamais pressé et toujours prêt, il ne fait aucun geste superflu. Il ne semble jamais ému ou troublé.

Quant à notre nouvel ami Passepartout, un vrai parisien de Paris, il possède une physionomie agréable et une force herculéenne. Il a l'air doux et serviable, les yeux bleus, les cheveux bruns et rebelles. Sera-t-il le domestique exact qu'il faut à son maître ? Son caractère expansif va-t-il s'accorder avec celui de Mr. Fogg ? C'est ce qu'on va voir. En tout cas, les renseignements qu'on lui a donnés sur Phileas Fogg, personnage qui a une vie régulière, ne s'absente jamais et qui ne voyage pas, ne peuvent que lui convenir.

Il est onze heures et demie et Passepartout, seul dans cette nouvelle maison, décide d'en commencer l'inspection de la cave au grenier [10]. Il découvre finalement sa chambre. Sur la cheminée, une pendule électrique

---

9. **flegmatique :** se dit d'une personne qui domine ses réactions.
10. **de la cave au grenier :** de haut en bas, partout.

correspond avec la pendule de la chambre à coucher de Phileas Fogg et les deux appareils battent au même instant la même seconde. Au-dessus de la pendule, il y a une notice avec l'organisation précise de la journée de Mr. Fogg.

– Cela me va ! se dit Passepartout une fois l'inspection finie. Nous nous entendrons parfaitement, Mr. Fogg et moi ! Un homme casanier[11] et régulier comme une mécanique! Eh bien, ça n'est pas pour me déplaire !

---

11. casanier : se dit d'une personne qui aime rester chez elle.

RÉFLEXION

1 Quels adjectifs correspondent le mieux à Mr. Fogg ?

> *bavard   ponctuel   impassible   généreux   calme   cultivé   routinier   coléreux   drôle   hypocrite*

2 Quelle qualité exige Mr. Fogg du nouveau domestique?

a ☐ Honnêteté.

b ☐ Régularité.

c ☐ Joie.

d ☐ Sympathie.

3 Quel type de patron Passepartout recherche-t-il ?

a ☐ Un patron tranquille et sédentaire.

b ☐ Un patron impulsif et fougueux.

c ☐ Un patron gentil et respectueux.

4 Comment Passepartout se sent-il dans la maison de son maître ? Plusieurs réponses sont possibles.

> *insatisfait   rassuré   oppressé   serein   satisfait   inquiet*

Après la lecture • page 80
Valeurs et sentiments • page 110

Le défi est lancé

Comme chaque jour, à onze heures et demie, Phileas Fogg quitte sa maison pour le Reform Club. Il va placer cinq cent soixante-quinze fois son pied droit devant son pied gauche et cinq cent soixante-seize fois son pied gauche devant son pied droit pour arriver au Reform Club. Après avoir mangé, c'est-à-dire à midi quarante-sept, ce gentleman se lève et se dirige vers le grand salon, une pièce somptueuse et ornée de peintures richement encadrées, pour lire les journaux tout l'après-midi jusqu'au dîner.

Une demi-heure plus tard, divers membres du Reform Club font leur entrée et s'approchent de la cheminée. Ce sont les partenaires habituels de Mr. Phileas Fogg. Tout comme lui, ce sont des joueurs de whist enragés[1], riches et considérés. Il y a l'ingénieur Andrew Stuart, les banquiers John

---

1. **enragé :** qui est passionné.

Sullivan et Samuel Fallentin, le brasseur[2] Thomas Flanagan et Gauthier Ralph, un des administrateurs de la Banque d'Angleterre.

La partie n'a pas encore commencé qu'une conversation s'engage[3] sur un vol[4] qui a eu lieu à la Banque d'Angleterre.

– Eh bien, Ralph, demande Thomas Flanagan, où en est cette affaire de vol ?

– Eh bien, répond Andrew Stuart, la Banque va perdre son argent.

– J'espère, au contraire, dit Gauthier Ralph, que nous mettrons la main sur le voleur.

– Mais a-t-on donc un signalement[5] ? demande Andrew Stuart.

– Ce n'est pas un voleur, répond Gauthier Ralph.

– Mais cet individu a dérobé cinquante-cinq mille livres[6] !

– Non, répond Gauthier Ralph.

– C'est donc un industriel ? dit John Sullivan.

– Le *Morning Chronicle* assure que c'est un gentleman, répond Phileas Fogg.

Ce dernier salue alors ses collègues qui en font de même.

Le fait dont il est question a eu lieu le 29 septembre. La somme de cinquante-cinq mille livres a été volée au caissier principal de la Banque d'Angleterre tandis que celui-ci était occupé à enregistrer une recette[7] de quelques shillings[8]... Des détectives, choisis parmi les plus habiles, ont été envoyés dans les principaux ports, à Liverpool, à Glasgow, au Havre, à Suez, à Brindisi, à New York, etc., avec la promesse, en cas de succès, d'une prime de deux mille livres et cinq pour cent de la somme retrouvée. Le début de l'enquête a permis de faire le signalement : il n'y a pas de doute, comme le dit

---

2. un brasseur : une personne qui fabrique de la bière et qui la vend en gros.
3. s'engager : ici, commencer.
4. un vol : action de prendre par la force ou en se cachant des objets appartenant à quelqu'un.
5. un signalement : une description.
6. la livre (sterling) : la monnaie anglaise.
7. une recette : total des sommes d'argent reçues.
8. un shilling : une monnaie valant un vingtième de la livre sterling.

le *Morning Chronicle*, le voleur ne fait partie d'aucune des sociétés de voleurs d'Angleterre, c'est un gentleman qui a commis le vol.

Tandis que les membres du Club sont autour de la table pour jouer au whist, Andrew Stuart continue la discussion.

– Où peut se réfugier ce voleur ? La terre est si vaste !

– Elle ne l'est plus aujourd'hui, affirme Phileas Fogg.

– Mais la terre n'a pas pu diminuer, mon cher, répond Andrew sur le ton de la plaisanterie.

– La terre a diminué puisqu'on la parcourt maintenant dix fois plus vite qu'il y a cent ans, dit Gauthier Ralph. Savez-vous qu'on peut faire le tour de la terre en trois mois… ?

– En quatre-vingts jours seulement, corrige Phileas Fogg.

– En effet, ajoute John Sullivan, quatre-vingts jours, depuis l'ouverture de la section 9 entre Rothal et Allahabad sur le « Great Indian peninsular railway », ce sont les calculs du *Morning Chronicle*.

– Quatre-vingts jours peut-être, mais sans penser au mauvais temps, aux naufrages… continue Andrew.

– En quatre-vingts jours tout compris, interrompt Phileas Fogg.

– Ah ! Ah ! Je parie quatre mille livres qu'un tel voyage est impossible.

– Très possible, ajoute Phileas Fogg.

– Faites-le alors !

– D'accord.

– Quand ?

– Tout de suite. Je suis prêt à parier vingt mille livres que je fais le tour du monde en quatre-vingts jours.

– Mais un retard imprévu peut vous faire perdre cette somme ! s'écrie John Sullivan.

– L'imprévu n'existe pas, répond Phileas Fogg.

– C'est une plaisanterie !

---

9. une section : ici, une route, un passage.

– Un bon Anglais ne plaisante jamais, quand il s'agit d'un pari et je parie que je vais faire le tour de la terre en quatre-vingts jours, soit mille neuf cent vingt heures ou cent quinze mille deux cents minutes. Vous acceptez ce pari ?

– Nous acceptons, répondent ses collègues.

– Bien. Je vais prendre le train pour Douvres de vingt heures quarante-cinq. Je pars donc ce soir, 2 octobre, dit-il tandis qu'il regarde son calendrier de poche, et je serai de retour à Londres, au salon du Reform Club, le samedi 21 décembre à huit heures quarante-cinq du soir. Faute de quoi[10], ce chèque de vingt mille livres vous appartiendra.

Phileas Fogg pose le chèque sur la table de jeu, prend son chapeau et sort.

À sept heures cinquante, le nouveau domestique est étonné de voir Mr. Fogg rentrer à son domicile à cette heure insolite : selon la notice, il ne doit pas rentrer avant minuit.

---

10. faute de quoi : dans le cas contraire, sinon.

– Passepartout, nous partons dans dix minutes pour Douvres et Calais. Nous allons faire le tour du monde en quatre-vingts jours et nous n'avons pas de temps à perdre !

– Le tour du monde ! pense Passepartout avec stupeur, moi qui voulais rester tranquille.

En effet, n'a-t-il pas choisi Phileas Fogg pour sa vie sédentaire ?

– Préparez un sac pour vous et moi avec des affaires de nuit. Le reste, on l'achètera sur place. Descendez aussi mon mackintosh[11] et ma couverture de voyage.

À huit heures, Passepartout, toujours incrédule, est prêt.

Mr. Fogg prend le sac des mains de son domestique, l'ouvre et y met vingt mille livres, sans aucun doute pour couvrir les frais[12] du voyage. Puis, il remet le sac à Passepartout.

À huit heures vingt, ils sont devant la gare et entrent aussitôt dans la grande salle. Là, Phileas Fogg aperçoit ses cinq collègues du Reform Club.

– Messieurs, les divers visas apposés sur mon passeport vous permettront, au retour, de contrôler mon itinéraire. Je serai revenu le 21 décembre 1872, à huit heures quarante-cinq minutes du soir. Au revoir.

À huit heures quarante, Phileas Fogg et son domestique prennent place dans le même compartiment. À huit heures quarante-cinq, le train se met en marche. Passepartout, encore abasourdi, presse contre lui le sac de billets de banque puis pousse un véritable cri de désespoir.

– Qu'avez-vous ? demande Mr. Fogg.

– Dans la précipitation du départ… j'ai oublié d'éteindre le bec de gaz de ma chambre !

– Eh bien, mon garçon, répond froidement Mr. Fogg, il brûle à vos frais !

---

11. **un mackintosh :** un manteau imperméable.
12. **les frais :** les dépenses.

La nouvelle du départ de Phileas Fogg et l'idée de faire le tour du monde en quatre-vingts jours se propage dans Londres. Après avoir fait la une[13] de tous les journaux, le voyage de Phileas Fogg n'est plus un secret pour personne. Certains pensent qu'il est fou, d'autres, qu'il est génial.

Cependant, sept jours après le départ de Phileas Fogg et Passepartout, un incident inattendu vient mettre fin aux questions que soulève cette personnalité de première page.

On apprend qu'un certain Fix, détective et auteur d'une dépêche télégraphique de première importance, a identifié le voleur de la Banque d'Angleterre. Et tous ses soupçons se portent sur Phileas Fogg !

13. faire la une : être en première page d'un journal.

RÉFLEXION

1 **Quelle est la réaction de Passepartout lorsqu'il apprend qu'ils partent immédiatement pour faire le tour du monde ?**

a ☐ Il est heureux.　**b** ☐ Il est enthousiaste.

c ☐ Il est surpris.

2 **Comment Phileas Fogg se comporte-t-il après son pari avec les membres du Reform Club ?**

a ☐ Il se montre pressant.　**b** ☐ Il est figé dans ses habitudes.

c ☐ Il est préoccupé.

3 **Qu'est-ce que le pari représente pour Phileas Fogg ?**

a ☐ Une blague.　**b** ☐ Un défi personnel.

c ☐ Une question d'honneur.

Après la lecture • page 82
Valeurs et sentiments • page 110

Au voleur !

Mercredi 9 octobre

Fix fait partie des détectives anglais envoyés dans les différents ports après le vol commis à la Banque d'Angleterre. En possession du signalement du voleur et motivé par la prime promise en cas de succès, il est persuadé que son homme se trouve à bord du *Mongolia*, bateau qui fait régulièrement les voyages de Brindisi à Bombay. Il a compris depuis longtemps que les grands escrocs[1] ressemblent toujours à d'honnêtes gens. Il se met donc à dévisager les gentlemen qui débarquent. Et c'est ainsi que le détective Fix reconnaît le voleur de la Banque d'Angleterre le mercredi 9 octobre, à Suez. Cependant, pour pouvoir arrêter Phileas

---

1. **un escroc** : un voleur.

Fogg, notre ami a besoin d'un mandat d'arrêt[2] d'Angleterre. Il a bien envoyé au directeur de la police métropolitaine une dépêche télégraphique pour obtenir ce mandat :

Suez à Londres.

Rowan, directeur de police, administration centrale, Scotland Place.

Je file[3] le voleur de Banque, Phileas Fogg. Envoyez sans retard mandat d'arrêt à Bombay (Inde anglaise).

Fix, détective.

Mais pour le moment, il doit se contenter de suivre de près sa proie[4]. Et pour approfondir son enquête, il décide de s'approcher du domestique qui attend sur le quai.

– C'est un bien beau pays l'Égypte, vous ne trouvez pas ? demande Fix.

– Oui, mais nous allons si vite que j'ai l'impression de voyager en rêve, répond Passepartout.

– Vous êtes donc pressés ?

– Mon maître doit faire le tour du monde en quatre-vingts jours… mais c'est insensé.

– Votre maître est peut-être un peu original… Dites donc[5], il faut être riche pour faire un tel voyage !

– En effet, il a emporté une jolie somme avec lui, en billets de banque tout neufs ! Et il n'épargne pas l'argent en route ! Mais il faut que je vous laisse, je dois prendre le bateau. Au revoir, Monsieur… ?

– Fix, je m'appelle Fix. Et votre prochaine destination est peut-être la même que la mienne, Bombay ?

---

2. **un mandat d'arrêt :** un document officiel nécessaire pour arrêter une personne suspectée par la police.

3. **filer :** suivre quelqu'un sans le perdre de vue pour surveiller ses faits et gestes.

4. **une proie :** une victime.

5. **dites donc :** à propos.

– C'est exact. Mon nom est Passepartout. Nous nous reverrons donc sûrement.

Cette conversation avec le domestique a convaincu définitivement Fix que Phileas Fogg est coupable et qu'il doit l'arrêter. Il suffit juste d'attendre l'arrivée du mandat d'arrêt à Bombay, d'embarquer sur le *Mongolia*, de filer le voleur jusqu'aux Indes, et là, sur cette terre anglaise, l'accoster[6] poliment.

De son côté, Phileas Fogg, imperturbable, poursuit son itinéraire d'une façon très méthodique : il inscrit les dates, les heures, les destinations sur son carnet de bord afin de constater le retard ou le gain de temps.

Bientôt le bateau quitte Suez pour la prochaine étape, Bombay. La traversée de la mer Rouge est houleuse[7], mais cela ne perturbe pas du tout les habitudes de Phileas Fogg, qui a trouvé des partenaires pour jouer au whist. Quant à Passepartout, les conditions de ce voyage sont satisfaisantes : il n'a pas le mal de mer, mange bien, dort confortablement et fait des rencontres sympathiques.

Ils arrivent finalement à Bombay le 20 octobre, deux jours avant l'arrivée prévue. Un gain de temps que Phileas Fogg inscrit méthodiquement sur son itinéraire à la colonne des bénéfices, avant de quitter le paquebot avec son domestique pour se rendre à la gare et prendre le train en direction de Calcutta.

Passepartout commence à être préoccupé par le pari de son maître. Certes, ils ont deux jours d'avance, mais on ne sait jamais, un voyage peut toujours réserver des surprises et un retard est si vite arrivé ! Quelques instants après Mr. Fogg, l'agent Fix débarque lui aussi du *Mongolia* et court chez le directeur de la police de Bombay pour retirer le mandat d'arrêt provenant de Londres. Malheureusement, celui-ci n'est pas encore arrivé et il n'a d'autre choix que de suivre le gentleman et son domestique et de ne pas perdre de vue son suspect. Il décide de suivre

---

6. accoster : ici, s'approcher d'une personne, faire connaissance.
7. houleux : agité.

Mr. Fogg dans tous ses déplacements. Passepartout, quant à lui, finit quelques courses dans les rues de la ville avant de retrouver Mr. Fogg à la gare. Il passe devant la pagode [8] de Malabar Hill et décide d'en visiter l'intérieur sans se douter que l'entrée de certaines pagodes indoues est formellement interdite aux chrétiens, et que de surcroît les croyants eux-mêmes ne peuvent y pénétrer sans avoir laissé leurs chaussures à la porte. Sans tarder, trois prêtres se précipitent sur lui et le rouent de coups [9]. Mais le français, vigoureux et agile, se relève et renverse deux de ses adversaires. Il s'élance hors de la pagode et prend la fuite. Quelques minutes avant le départ du train, sans chapeau, pieds nus, et sans ses emplettes [10], perdues dans la bagarre, il arrive finalement à la gare et raconte ses aventures à son maître, avant de prendre place à ses côtés dans un wagon du train. Dans l'ombre du quai, Fix ne perd pas un mot du récit du français et décide subitement de ne plus suivre Mr. Fogg mais de rester sur place. « Un délit commis sur le territoire indien… Je tiens mon homme. »

Le départ de Bombay ayant eu lieu à l'heure, le voyage pour Calcutta se poursuit sans problèmes. Comme à son habitude, Passepartout est assis à côté de son maître. Un troisième voyageur qui se trouve dans le coin opposé partage leur compartiment. C'est le brigadier général, Sir Francis Cromarty, l'un des partenaires de Mr. Fogg pendant la traversée de Suez à Bombay. Il rejoint ses troupes cantonnées auprès de Bénarès. Quelquefois Sir

---

8. **une pagode** : un édifice religieux consacré au culte en Orient.
9. **rouer de coups** : battre violemment.
10. **les emplettes** : les achats.

Francis Cromarty et Phileas Fogg échangent quelques paroles mais, le plus souvent, les parties s'enchaînent dans le plus parfait silence tandis que les paysages défilent au fil du temps. Mais, tandis que les trois hommes s'entretiennent, voilà que le train s'arrête tout à coup au milieu d'une vaste clairière, bordée de quelques bungalows et de cabanes d'ouvriers. Passepartout n'en croit pas ses yeux ni ses oreilles quand il entend le conducteur du train annoncer : « Les voyageurs descendent ici. Il n'y a plus de voie ferrée ! ». En effet, contrairement à ce qu'ont écrit les journaux, le chemin de fer reliant Bombay à Calcutta n'est pas fini. C'est avec précipitation que les voyageurs habitués à faire ce trajet se jettent sur les moyens de locomotion qui sont à leur disposition : des charrettes tirées par des zébus[11], des poneys, etc.

Passepartout se demande sur quel genre de véhicule ils vont faire le voyage jusqu'à Calcutta. Phileas Fogg trouve vite une solution.

---

11. un zébu : une sorte de bœuf à bosses.

Après avoir marchandé[12] à un prix très élevé l'achat d'un éléphant qui s'appelle Kiouni, nos deux voyageurs, accompagnés d'un guide et invitant gracieusement Sir Francis Cromarty à profiter du voyage à dos d'éléphant, quittent le village. Il est neuf heures lorsque cet équipage pénètre dans une forêt de palmiers. Certes, c'est moins confortable que le bateau ou le train, mais bien plus pittoresque[13]: une halte par-ci pour laisser reposer l'animal, une autre par-là pour passer la nuit dans une cabane perdue au milieu d'une nature sauvage. Parfois, quelques rugissements de guépards et de panthères, mêlés à des rires aigus de singes, viennent troubler pour quelques minutes la marche monotone de l'animal. Le voyage semble donc se poursuivre sans incident quand soudain l'éléphant, après avoir donné quelques signes d'agitation, s'arrête.

12. marchander : discuter le prix d'un objet.
13. pittoresque : d'une beauté originale, inhabituelle.

RÉFLEXION

1 **Du point de vue « émotif », de quelle manière Passepartout et Phileas Fogg vivent-ils chacune de leurs étapes ? Mets en évidence les adjectifs qui correspondent le mieux à Mr. Fogg et à Passepartout.**

*nerveux   inquiet   impassible   organisé
insensible   préoccupé   calme*

Phileas Fogg : .... ; .... ; .... ; ....
Passepartout : .... ; .... ; ....

Après la lecture • page 84
Valeurs et sentiments • page 110

Un geste héroïque

Mardi 22 octobre

piste 05

On entend alors un vague concert de voix humaines et d'instruments de cuivre[1] qui s'approche. Le guide saute à terre et s'enfonce dans un buisson épais. Il distingue d'abord des prêtres coiffés de mitres et vêtus de longues robes chamarrées[2] puis une étrange et hideuse[3] statue. Munie de plusieurs bras, celle-ci a le regard hagard[4], la langue pendante, des lèvres teintes de henné et de bétel[5]. À son cou, elle porte un collier de têtes de mort et à ses flancs une ceinture de mains coupées. Il s'agit de la déesse Kali, la déesse de la préservation, de la transformation et de la destruction. Lorsqu'il revient, le guide annonce un peu ému :

---

1. **un instrument de cuivre :** un instrument à vent en cuivre comme la trompette.
2. **chamarré :** richement décoré.
3. **hideux :** laid, pas beau.
4. **hagard :** affolé.
5. **teint de henné et de bétel :** coloré par une préparation rouge obtenue à partir de ces deux plantes d'Inde et d'Extrême-Orient.

– C'est un *sutty* !

– Qu'est-ce qu'un *sutty* ? demande Phileas Fogg.

– À la mort de leur mari, les épouses acceptent d'être brûlées vives avec leur mari. La jeune femme que nous venons de voir passer a tenté plusieurs fois de s'échapper. Elle refuse le sacrifice. Son histoire est connue, elle s'appelle Aouda. C'est une Indienne d'une grande beauté. Elle a reçu une éducation à l'européenne. Elle est devenue veuve trois mois après avoir été mariée à un vieux prince. Elle sera sacrifiée demain au lever du jour.

– Cette coutume existe encore ! s'étonne Phileas Fogg sans trahir la moindre émotion.

– La malheureuse ! Brûlée vive ! murmure Passepartout.

– On peut peut-être sauver cette femme. On a encore quelques heures d'avance sur notre itinéraire, ajoute Phileas Fogg.

– Vous savez, ajoute le guide, que nous risquons notre vie si nous sommes pris.

– En ce qui me concerne, je suis prêt, répond Phileas Fogg.

– Moi aussi, dit à son tour Passepartout avec enthousiasme.

Passepartout est heureux de découvrir finalement chez Phileas Fogg une certaine sensibilité, une âme sous cette enveloppe de glace.

C'est ainsi qu'après avoir pris leur décision, ils se rendent, avec l'aide du guide, sur les lieux où la jeune femme est emprisonnée. Une demi-heure de marche leur suffit pour arriver à la pagode. Ils discutent alors, cachés dans la forêt qui entoure le temple, des moyens de sauver la jeune femme. Malheureusement, il y a des gardes armés partout et ils arrivent à la conclusion que rien ne peut être tenté pour la sauver. Ils semblent perdre espoir lorsque Passepartout annonce qu'il a peut-être une idée. Sans rien révéler, il suggère juste d'attendre le lendemain matin pour agir. Au lever du jour, lorsque la foule et les gardes se réveillent pour accomplir le supplice[6],

---

6. un supplice : une grande souffrance, une torture.

nos voyageurs se mêlent aux gens et s'approchent du bûcher[7] qui doit être allumé d'une minute à l'autre. À moins de cinquante mètres du bûcher, dans la demi-obscurité, distinguant avec difficulté le temple de Pillaji à l'arrière plan, ils voient la jeune femme qui semble sans vie, étendue à côté de son mari défunt. Puis, un homme, une torche[8] à la main, s'approche et le bois imprégné d'huile s'enflamme aussitôt. Phileas Fogg s'apprête à s'élancer vers l'amas[9] de bois en feu pour tenter un dernier geste quand, tout à coup, un cri de terreur s'élève de la foule. Le mari n'est pas mort ! À travers les flammes, on le voit se lever du bûcher, prendre la jeune femme dans ses bras et s'enfuir… On imagine la surprise générale lorsqu'on découvre que le mari ressuscité n'est autre que Passepartout ! Pour sauver la jeune femme, celui-ci s'est glissé au risque de sa vie jusqu'au bûcher.

Un instant après, nos héros et leur nouvelle compagne disparaissent dans

---

7. **un bûcher :** ici, un tas de bois sur lequel on brûle les condamnés.
8. **une torche :** ici, un bâton enflammé qui sert à mettre le feu au bûcher.
9. **un amas :** une masse confuse de quelque chose.

la forêt, poursuivis par les gardes en colère : ils ont découvert la ruse de Passepartout.

Kiouni, habilement guidé, court rapidement dans la forêt encore obscure et permet ainsi à nos voyageurs d'échapper à leurs poursuivants. Mrs. Aouda commence à revenir à elle[10] lorsqu'ils arrivent à la gare d'Allahabad. Passepartout pense qu'elle est tout simplement charmante. Il voit les beaux yeux de la jeune femme retrouver toute leur douceur : elle est d'une beauté admirable. Phileas Fogg remercie le guide pour son dévouement en lui offrant Kiouni. Un éléphant, c'est la fortune assurée pour ce jeune guide ! Après de touchants adieux, Phileas Fogg, Passepartout, Sir Francis Cromarty et Mrs. Aouda prennent donc le train en direction de Calcutta. À midi et demi, le train s'arrête à la station de Bénarès. C'est là que Sir Cromarty s'arrête pour rejoindre ses troupes qui campent à quelques milles[11] au nord de la ville. On se sépare et on se dit adieu. Puis, le train repart et pénètre dans la vallée du Gange. Lorsque la jeune femme reprend tout à fait conscience, Phileas Fogg se présente et lui raconte tout ce qui s'est passé. Mrs. Aouda est très émue : ils ont risqué leur vie pour elle !

Enfin, ils arrivent à sept heures du matin à Calcutta. Le paquebot pour Hong-Kong ne part qu'à midi. D'après l'itinéraire de Phileas Fogg, ils ne sont ni en retard ni en avance. Les deux jours gagnés entre Londres et Bombay ont été perdus, mais on imagine bien que personne ne le regrette puisqu'ils ont permis de sauver une jeune femme d'une mort certaine.

Au moment de sortir de la gare, un policier s'approche. Il arrête aussitôt Mr. Fogg et Passepartout et les conduit dans une salle d'audience où un public assez nombreux, composé d'Européens

---

10. revenir à soi : se réveiller, reprendre connaissance.
11. un mille : unité de mesure pour calculer la distance ; un mille vaut environ 1852 mètres.

et d'indigènes, occupe le prétoire[12]. Mrs. Aouda est autorisée à les suivre. Ce même jour, le tribunal de Calcutta condamne Passepartout pour avoir violé d'un pied sacrilège le pavé de la pagode de Malabar Hill à Bombay dans la journée du 20 octobre et tient également responsable Phileas Fogg du délit de son serviteur. Imperturbable, bien que condamné, au même titre que son domestique, à plusieurs jours de prison et à de fortes amendes, Mr. Fogg offre caution[13] et achète ainsi sa liberté et celle de Passepartout, abasourdi par les sommes d'argent en jeu. À onze heures, Mr. Fogg en avance d'une heure s'embarque en compagnie du français et de la jeune indienne sur le *Rangoon*, l'un des paquebots employés au service des mers de Chine et du Japon.

12. un prétoire : une salle d'audience d'un tribunal.
13. offrir caution : payer une somme d'argent pour ne pas aller en prison.

RÉFLEXION

1 **De quelle force de caractère Passepartout fait-il preuve en sauvant la jeune femme du bûcher ? Plusieurs réponses sont possibles.**

courage   dévouement   faiblesse   générosité   audace   peur

2 **Dans ce chapitre, peut-on dire que Passepartout se montre à la hauteur de son surnom (celui qui se débrouille dans les situations difficiles) et pourquoi ?**

3 **Quelles valeurs sont présentées dans ce chapitre?**

a ☐ Frustration et regret.　　b ☐ Sagesse et bonheur.
c ☐ Détermination et succès.　d ☐ Loyauté et confiance.

Après la lecture • page 86
Valeurs et sentiments • page 110

Passepartout l'équilibriste

mais, au fait, qu'est devenu notre détective ? Voilà qu'on retrouve notre ami Fix lui aussi sur le paquebot pour Hong-Kong. Comment a-t-il fait pour arriver là ? On ne sait pas. En tout cas, il espère avoir le mandat d'arrêt pour Phileas Fogg.

piste 06

La première partie de la traversée s'accomplit dans des conditions excellentes pour nos trois passagers et pour le détective dont les

désirs sont dorénavant[1] concentrés sur un unique point du monde : Hong-Kong. C'est là que l'arrestation doit se faire ou le voleur lui échappera définitivement. Pour Fix, Hong-Kong est la dernière terre anglaise[2] du parcours, donc la dernière possibilité d'arrêter Phileas Fogg avec un mandat.

Pour agir plus sûrement et recueillir des informations compromettantes au sujet de Mr. Fogg, Fix décide de rompre l'incognito gardé jusqu'à présent et de faire parler le garçon français. Il rejoint bientôt Passepartout sur le pont, feignant la plus extrême surprise et l'invitant à boire un verre de gin. Ainsi, au bord du *Rangoon*, Passepartout raconte ses aventures à monsieur Fix qui ne manque pas l'occasion de poser quelques questions supplémentaires au sujet de la présence de la jeune femme.

Après une escale à Singapour, le bateau suit la direction de Hong-Kong où nos voyageurs doivent prendre, le 6 novembre au matin, un autre navire pour Yokohama, l'un des principaux ports du Japon.

Malheureusement, une tempête au cours de la traversée fait perdre vingt-quatre heures sur l'itinéraire prévu : ils arrivent donc à Hong-Kong le 6 novembre à midi au lieu du 5 prévu. On devine dans quelle colère se trouve Passepartout : tout a si bien marché jusqu'à présent ! Le bateau pour Yokohama est peut-être déjà parti ! Et comme il n'y a qu'un départ par semaine, le pari de son maître est peut-être perdu ! Tandis que Passepartout médite sur cette terrible situation, il voit Phileas Fogg toujours tranquille s'approcher du pilote.

– Savez-vous quand part le prochain bateau pour Yokohama ?

– Demain matin, répond le pilote.

– Mais il ne devait pas partir ce matin ?

– Il est tombé en panne et on a dû le réparer.

Passepartout, trop content de cette nouvelle inattendue, serre vigoureusement la main du pilote étonné par cette amicale attention.

---

1. dorénavant : à partir du moment où l'on parle, désormais.
2. terre anglaise : en 1872, Hong-Kong est une colonie anglaise.

Encore une fois, le hasard sert singulièrement Phileas Fogg, qui note cependant un retard de vingt-quatre heures sur son itinéraire.

6 novembre

Or, quelle est la stupeur de Fix lorsqu'il apprend que le mandat n'est pas encore arrivé à Hong-Kong ? Que faire ? Sa dernière chance est de retenir Phileas Fogg plusieurs jours dans cette ville pour attendre que le mandat arrive. Mais comment faire ?

Passepartout se rend au quai d'embarquement du *Carnatic*, le navire qui doit les porter à Yokohama. Il y aperçoit Fix et l'invite tout naturellement à entrer avec lui au bureau des transports maritimes pour réserver leurs cabines. Là, ils apprennent que les réparations sont déjà terminées et que le départ du paquebot est programmé le soir même à huit heures, et non le lendemain matin. Passepartout enthousiaste veut se précipiter à l'hôtel où se trouvent son maître et Mrs. Aouda pour les informer du départ imminent du *steamer*[3].

À ce moment-là, Fix a une idée. Il a trouvé la solution pour retenir Phileas Fogg à Hong-Kong : empêcher le domestique de prévenir son maître du départ anticipé du *Carnatic*. Il invite Passepartout à prendre un verre[4] avant que celui-ci ne parte pour l'hôtel. En moins d'une heure, l'objectif du détective est atteint : Passepartout est

---

3. **un *steamer*** : un navire à vapeur.
4. **prendre un verre** : aller boire quelque chose.

complètement ivre⁵. Il s'approche de lui, vérifie qu'il est incapable de se lever : « Enfin, Fogg ne sera jamais prévenu à temps du départ anticipé du bateau ». Et tandis que Fix se dirige vers la sortie du bar, il se réjouit déjà à l'idée d'arrêter Mr. Fogg.

Le lendemain matin, lorsque Mr. Fogg se réveille, il est un peu surpris de ne pas voir Passepartout répondre au coup de sonnette. Après avoir préparé les valises et payé la note d'hôtel, notre gentleman, accompagné de Mrs. Aouda, se rend au port. Il ne s'étonne même pas de ne pas voir le *Carnatic* à quai et il est toujours impassible quand on lui annonce que le paquebot est parti la veille au soir ! Voilà donc notre gentleman sans bateau et sans domestique et pourtant rien ne lui semble plus naturel. Fix est lui aussi sur le quai et assiste avec une grande joie à la défaite de Phileas Fogg qu'il tient presque entre ses mains... Pas tout à fait, car notre gentleman cherche un autre bateau pour faire le voyage et ce ne sont pas les bateaux qui manquent au port de Hong-Kong ! Fix suit de loin le couple, lorsqu'il voit le capitaine d'une goélette⁶ s'avancer vers Fogg. Le détective décide de s'approcher et il entend les derniers mots de la conversation : Fogg a conclu un accord pour que le capitaine emmène le couple sur son bateau. Quel désespoir et quelle colère pour Fix ! Ce Phileas Fogg réussit toujours à se tirer d'affaire ! Le détective semble anéanti et son regard triste n'échappe pas à notre gentleman.

– Vous cherchez un navire pour faire la traversée ? demande Phileas Fogg à Fix.

– Euh... oui.

– Je vous invite à faire la traversée avec nous sur la *Tankadère*, si vous voulez.

« Tant pis, pense-t-il, s'il le faut, je suivrai mon voleur jusqu'au bout du monde ! » Rassuré par cette décision, il accepte la proposition de

---

5. ivre : qui a bu trop d'alcool.
6. une goélette : un navire à voiles à deux mâts.

Phileas Fogg. Ce dernier ne se doute de rien, et comment le pourrait-il ? Il semble ne s'intéresser à rien d'autre qu'à poursuivre son voyage.

Une heure plus tard, le bateau quitte le port de Hong-Kong en direction de Shangaï. Destination qu'il faut atteindre à tout prix pour ne pas manquer le départ du prochain paquebot pour Yokohama prévu le 11, à sept heures du soir.

Si Mr. Fogg arrive au port de Yokohama dans les temps, il pourra embarquer sur le paquebot de San Francisco, traverser le Pacifique et atteindre l'Amérique comme il l'avait prévu.

Qu'est devenu Passepartout ? Notre ami s'est réveillé à temps de son ivresse pour monter à bord du *Carnatic*. Après avoir cherché Phileas Fogg et Mrs. Aouda sur le bateau sans les trouver, il s'est alors rappelé de la conversation avec Fix. Surtout, il a réalisé qu'il n'a pas prévenu son maître du départ anticipé du bateau. Il se sent désespéré car il a l'impression d'avoir trahi Phileas Fogg et pense que tout est peut-être perdu à cause de lui ! Sa situation n'est pas enviable, surtout qu'il n'a plus un sou en poche[7]. Arrivé à Yokohama, il se met à errer dans les rues de la ville, le ventre et les

---

7. **ne plus avoir un sou en poche :** ne plus avoir d'argent.

poches vides. Pour obtenir un peu d'argent, Passepartout décide d'échanger son vêtement européen contre un vieux vêtement japonais et quelques piécettes **8** chez un brocanteur **9**. Mais cette modique **10** somme lui suffit juste pour faire un repas et il se retrouve quelques heures plus tard de nouveau dans une situation déplorable. Il a besoin d'argent, certes, pour manger et dormir mais surtout pour se rendre en Amérique et retourner en Angleterre. Passepartout continue à errer, l'âme en peine, dans les rues de Yokohama, lorsqu'il passe devant l'établissement de Batulcar, directeur d'une troupe de gymnastes, acrobates, clowns… L'affiche à l'entrée indique que la troupe donne ses dernières représentations avant d'aller en Amérique.

– Quelle chance ! s'écrie Passepartout, voilà la solution ! Il décide de se présenter au directeur.

– Vous êtes Français, vous ? lui demande Batulcar en le regardant de la tête aux pieds.

– Oui, un Parisien de Paris.

– Alors, vous devez savoir faire des grimaces ?

– Euh… oui, répond Passepartout, un peu vexé par cette question.

– Bon, alors je peux vous prendre comme clown et homme à tout faire selon les besoins.

Évidemment, ce n'est pas une position très flatteuse, mais c'est juste ce qu'il lui faut pour aller en Amérique. Le soir même, en raison de l'absence d'un acrobate, Passepartout participe à un numéro d'équilibriste. Voilà donc le domestique de Phileas Fogg qui porte sur ses épaules vigoureuses le poids de plusieurs hommes ; il forme avec d'autres équilibristes la base d'une pyramide humaine. Les applaudissements redoublent, les instruments d'orchestre éclatent comme des coups de tonnerre, lorsque d'un seul coup la pyramide s'écroule comme un château de cartes. Que s'est-il passé ?

8. une piécette : une petite pièce de monnaie.
9. un brocanteur : une personne qui achète et vend des objets usagés.
10. modique : se dit d'une petite somme.

Phileas Fogg, Mrs. Aouda et le détective Fix sont arrivés le 14 novembre à Yokohama. Là, ils apprennent à la grande joie de Mrs. Aouda que Passepartout est arrivé la veille, le 13 novembre, dans cette ville. C'est ainsi qu'ensemble, avant le départ du paquebot pour l'Amérique, ils se mettent à chercher Passepartout à travers la ville. Après quelques heures de recherches vaines[11], Phileas Fogg décide avec une sorte de pressentiment d'aller voir le spectacle de la troupe de Batulcar. Il ne peut pas reconnaître son serviteur déguisé pour les besoins du spectacle. En revanche, Passepartout, bien que concentré sur son numéro d'équilibriste, a tout de suite aperçu son maître parmi les spectateurs et n'a pas attendu la fin du spectacle. Il a tout simplement voulu rejoindre immédiatement Phileas Fogg et a abandonné son poste. Quel spectacle ! Comme le temps presse, ils n'ont pas réussi à s'excuser auprès de Batulcar, très en colère à cause de l'échec du numéro, et sont allés aussitôt s'embarquer sur le paquebot américain !

---

11. **vain :** inutile, sans résultat.

RÉFLEXION

1 **Quel sentiment assaille Fix lorsqu'il constate que le mandat d'arrêt n'est toujours pas arrivé à Hong-Kong ?**

a ☐ Il est joyeux.   **b** ☐ Il est effaré.

c ☐ Il est triste.   **d** ☐ Il est déçu.

2 **Pour réussir son approche auprès de Passepartout, Fix se montre :**

a ☐ amical.   **b** ☐ agressif.

c ☐ autoritaire.   **d** ☐ sincère.

Après la lecture • page 88
Valeurs et sentiments • page 110

Un voyage risqué

Le *General Grant*, paquebot appartenant à la Compagnie du « Pacific Mail Steam », réunit donc Phileas Fogg, Mrs. Aouda et Passepartout en direction de San Francisco. Le 23 novembre, le gentleman a accompli plus des deux tiers du parcours total et il lui reste vingt-huit jours pour réaliser son pari. Il est toujours persuadé de pouvoir arriver à Londres le 21 décembre à huit heures quarante-cinq. Passepartout se rappelle vaguement de la soirée avec Fix et commence à se poser beaucoup de questions. Pour quelle raison l'a-t-il entraîné dans un bar ? Et pourquoi fait-il le même voyage qu'eux ? Où est Fix en ce moment ?

piste 07

Fix est précisément à bord du paquebot. Il se cache dans sa cabine en possession du précieux mandat d'arrêt. Mais le mandat arrivé chez le consul anglais à Yokohama est devenu inutile depuis que Mr. Fogg a quitté les possessions anglaises ! C'est d'un acte d'extradition[1] dont le détective a désormais besoin pour arrêter son coquin. Si en Inde l'objectif de Fix était d'arrêter Mr. Fogg dans une des colonies anglaises, maintenant qu'il se dirige vers les États-Unis, il doit l'aider à rejoindre sa patrie pour le faire arrêter.

Malgré toutes ses interrogations et ses doutes, Passepartout est convaincu que le plus important est d'arriver à Londres à temps. Ce même jour pourtant, en dépit des précautions prises par le détective, Passepartout et Fix se trouvent face à face sur l'avant du navire. Sans explication, Passepartout saute à la gorge de Fix et lui donne une belle correction démontrant au passage la supériorité de la boxe française sur la boxe anglaise. C'était de sa faute si Passepartout avait perdu les traces de son maître ! Ce traître qui l'avait enivré pour le séparer de son maître et retenir celui-ci à Hong-Kong !

À force de coups, Passepartout se sentant comme soulagé finit par se calmer et Fix, en assez mauvais état, se relève tant bien que mal[2]. Avec sang-froid, il demande à Passepartout de venir s'asseoir à ses côtés à l'avant du *steamer*. Il veut lui donner des explications et lui exposer calmement ses intentions prétextant l'intérêt de Mr. Fogg.

– Jusqu'ici, j'ai été l'adversaire de votre maître, je devais le retenir en attendant un mandat d'arrêt, mais maintenant je suis dans son jeu. Je le crois coquin, mais il est dans l'intérêt de tous que Mr. Fogg arrive en Angleterre. C'est là seulement que je pourrai l'arrêter et que vous saurez si vous êtes au service d'un criminel ou d'un honnête homme !

---

1. un acte d'extradition : un document officiel qui permet à un état de renvoyer une personne coupable dans le pays qui la réclame.
2. tant bien que mal : avec difficulté.

Passepartout n'en revient pas, Fix veut aider Phileas Fogg à finir son voyage dans les meilleurs délais[3]. À ces propos le serviteur soulagé et convaincu de l'entière bonne foi du détective décide alors de ne rien révéler de cette histoire à son maître pour ne pas l'incommoder davantage.

La traversée du Pacifique se déroule tranquillement, à tel point qu'on peut dire que cet océan porte bien son nom !

L'attachement de Mrs. Aouda pour Mr. Fogg se fait chaque jour un peu plus visible, tandis que le gentleman, de son côté, semble indifférent au charme de cette femme. En tout cas, lorsqu'ils arrivent à San Francisco, le 3 décembre, Mr. Fogg constate qu'il n'a encore ni gagné ni perdu une journée. Aussitôt débarqué, il s'informe de l'heure à laquelle part le premier train pour New York et conclut qu'il a une journée entière pour visiter cette grande ville américaine. Par le plus grand des hasards, tandis que Passepartout achète des armes pour le prochain voyage réputé dangereux à cause des Sioux et des Pawnees[4], Mr. Fogg accompagné de Mrs. Aouda rencontre Fix près des bureaux de l'agent consulaire. Ils décident de poursuivre la visite de la ville ensemble. En se promenant dans Montgomery Street, ils voient une foule humaine déferler[5]. Des bannières[6] flottent au vent. Des hommes coiffés de chapeaux noirs brandissent des affiches et des banderoles en criant : « Vive Kamerfield ! Hourra ! Hip ! Hip ! pour Mandiboy ! ». C'est un meeting[7] organisé pour l'élection d'un juge de paix. La cohue se rapproche d'un escalier et revient en arrière. La situation dégénère assez rapidement et les trois touristes se retrouvent pris entre deux feux[8] sans pouvoir s'échapper. Les cris reprennent de plus

3. **un délai :** le temps à disposition pour faire quelque chose.
4. **Sioux et Pawnees :** tribus d'indiens.
5. **déferler :** se propager, se répandre.
6. **une bannière :** sorte de drapeau rectangulaire, suspendu au haut d'un bâton.
7. **un meeting :** une importante réunion publique organisée par un parti politique.
8. **pris entre deux feux :** attaqué de deux côtés.

belle: « Hourra pour Mandiboy ! ». C'est une troupe d'électeurs qui arrive à la rescousse, prenant en flanc les partisans de Kamerfield et, dans l'affolement général, un chef de bande lève le poing sur Mr. Fogg. Mais, par prudence et dévouement, Fix s'interpose immédiatement et reçoit le coup à sa place. Désormais, il est prêt à tout pour mettre « son homme » à l'abri d'un incident ou d'une mauvaise affaire.

– Nous nous retrouverons Yankee ! lance Mr. Fogg.

– Quand il vous plaira. Je suis le colonel Stamp W. Proctor.

Mr. Fogg remercie Fix et dit froidement : – Je reviendrai en Amérique pour retrouver ce colonel. Il n'est pas convenable qu'un citoyen anglais se laisse traiter de cette façon.

Le soir même, à dix-huit heures exactement, nos amis montent dans le train pour New York où les attend, le 11 décembre, la dernière étape de leur voyage : la traversée de l'Atlantique pour rejoindre l'Angleterre.

Une heure à peine après le départ du train, la neige a commencé à tomber. Pour le moment, cela ne peut avoir aucune conséquence sur la marche du train. Ils traversent donc sans incident l'État de la Californie. Vers neuf heures du matin, ils pénètrent dans l'État du Nevada, suivant la direction du nord-est. Le paysage se déroule sous leurs yeux et leurs regards croisent parfois un troupeau de bisons. Quand ces animaux ont adopté une direction, rien ne peut les arrêter. Et s'ils décident de passer sur les rails, le train n'a plus qu'à s'arrêter et attendre la fin du défilé. C'est d'ailleurs ce qui arrive au train de Phileas Fogg. Il doit attendre trois heures que l'impénétrable masse de bisons au pas tranquille se dissipe avant de pouvoir repartir, un retard que Passepartout a du mal à digérer !

Le 7 décembre, tandis que le train marque un arrêt dans une gare, Mrs. Aouda reconnaît le colonel Proctor qui se dégourdit les jambes sur le quai avant de remonter dans son wagon. Sachant que

Mr. Fogg est un homme d'honneur, elle pressent immédiatement le danger que cela représente pour lui. Et, soucieuse de protéger le gentleman anglais qui, malgré sa froideur apparente, lui donne chaque jour les marques d'un absolu dévouement, elle décide de mettre tout de suite au courant Fix et Passepartout de sa découverte.

Il faut s'assurer, pendant les quatre jours de voyage qui restent, que Mr. Fogg ne quitte pas son compartiment afin d'éviter

une rencontre avec le colonel. Fix, qui sait que la tâche ne sera pas difficile, du fait du naturel peu remuant et peu curieux du gentleman, propose d'organiser une partie de whist à cet effet. Passepartout part aussitôt à la recherche du steward[9] pour se procurer les jeux de cartes, les fiches et jetons nécessaires ainsi qu'une tablette recouverte de drap. Ainsi, Phileas Fogg, enchanté de reprendre son jeu favori, commence une interminable partie avec ses nouveaux partenaires de jeu : Mrs. Aouda et le détective Fix.

Dans l'État du Wyoming, la traversée des montagnes Rocheuses et son relief accidenté ralentissent un peu le train. Mais, concentré sur ses parties de whist, Phileas Fogg n'est pas inquiété par cette lenteur. Notre ami Passepartout est le seul à être préoccupé, toujours poursuivi par la peur de perdre le pari. Après le déjeuner, les joueurs reprennent leur partie lorsque tout à coup, après de violents coups de sifflet, le train s'arrête. Le mécanicien et le conducteur discutent vivement avec un garde-voie[10] envoyé par le chef de gare de Medicine Bow, la station suivante. De nombreux voyageurs quittent leurs places et prennent part à la conversation. Parmi eux, il y a le colonel Proctor.

Passepartout s'approche pour en savoir un peu plus.

– Il n'y a pas moyen de passer ! Le pont de Medicine Bow est ébranlé[11] et ne peut supporter le poids du train, dit le garde-voie au conducteur.

– Mais nous n'allons pas rester ici à prendre racine[12] dans la neige, s'écrie le colonel exaspéré.

---

9. un steward : un serveur qui s'occupe des passagers.
10. un garde-voie : un employé des chemins de fer qui doit surveiller la voie ferrée.
11. ébranlé : ici, en mauvais état, sur le point de s'écrouler.
12. prendre racine : attendre immobile.

– Il suffit juste de traverser le pont à pied jusqu'à la prochaine gare où nous pourrons prendre un autre train, répond le conducteur.

– À pied ! Dans la neige ! s'exclame Passepartout qui pense au temps nécessaire pour rejoindre la prochaine gare.

– J'ai peut-être trouvé le moyen de passer, ajoute alors le mécanicien du train.

– Sur le pont ? demande un voyageur.

– Sur le pont.

– Avec notre train ? demande le colonel.

– Avec notre train.

Passepartout est très intéressé aux paroles du mécanicien.

– Comment ? lui demande-t-il.

– Si on lance le train à son maximum de vitesse, on a quelques chances de passer.

– Diable ! lance Passepartout, qui imagine déjà les risques d'échec, tandis que les voyageurs semblent séduits par cette proposition.

– Je pense qu'il y a quelque chose d'autre de plus simple à faire… ajoute Passepartout sans avoir le temps de finir sa phrase.

– Inutile, c'est la meilleure solution, interrompt le mécanicien.

– Et de plus prudent… tente encore Passepartout.

– De plus prudent ! Mais à grande vitesse, on a toutes les chances de passer. Allez ! Tout le monde en voiture ! crie le conducteur.

– Oui, en voiture, répète Passepartout. Ce n'est pas la peine d'insister, se dit-il. Il reste cependant convaincu que la meilleure idée est de faire passer d'abord les voyageurs à pied sur le pont, puis le train.

Tout le monde est en voiture, lorsqu'après un coup de sifflet vigoureux, le train fait marche arrière sur deux kilomètres. Puis, un second coup de sifflet retentit et la locomotive reprend sa marche en avant. Elle accélère jusqu'à atteindre sa vitesse maximale. Le train s'approche du pont à toute vapeur, on dirait

une bombe prête à exploser ! Et, en un éclair, le convoi saute d'une rive à l'autre. Mais le train est à peine passé que le pont en un seul fracas est précipité dans le vide, pour s'écraser dans le rapide[13] de Medicine Bow !

---

13. un rapide : un cours d'eau où le courant est rapide.

RÉFLEXION

1 **Quels sentiments Passepartout éprouve-t-il au sujet du détective Fix au début du chapitre ?**

2 **Qu'est-ce que Mrs. Aouda éprouve pour Phileas Fogg ? Qu'est-ce que cela laisse entrevoir pour la suite de l'histoire? Plusieurs réponses sont possibles.**

de l'affection   de l'admiration   de la haine
des sentiments amoureux   de la gêne

Après la lecture • page 90
Valeurs et sentiments • page 110

Le courage d'un gentleman

La route continue tranquillement à travers le Colorado. En trois jours et trois nuits, nos voyageurs ont parcouru plus de 2200 kilomètres : ils se maintiennent dans leurs délais réglementaires. Tandis que pour Phileas Fogg une partie de whist succède à une autre, Mrs. Aouda et Fix se reposent, bercés par le mouvement régulier du train. Quant à Passepartout, il essaie d'imaginer quelle pourrait être leur prochaine mésaventure. Et il n'a pas tort, car les joueurs assidus viennent tout juste de reprendre une partie, qu'une voix se fait entendre derrière la banquette :

– Moi, je jouerais carreau…

Surpris, ils lèvent la tête et reconnaissent le colonel Proctor. Sans perdre son sang froid, le gentleman répond simplement :

– Ah ! C'est vous ! Moi en revanche, je jouerais pique !

– Vous ne comprenez rien à ce jeu.

– Peut-être serai-je plus habile à un autre, dit Phileas Fogg en se levant.

– Quand vous voudrez et où vous voudrez, répond l'Américain, et à l'arme qu'il vous plaira !

Ainsi, les deux adversaires et leurs témoins respectifs, précédés du conducteur, se rendent, en passant d'un wagon à l'autre, à l'arrière du train, pour se battre en duel. Le wagon, suffisamment long, se prête à la circonstance. Le conducteur invite la dizaine de voyageurs qui l'occupe à laisser la place aux deux gentlemen qui doivent régler sur le champ une affaire d'honneur. Les deux hommes armés de revolvers à six coups entrent sans hésitation. Les témoins les enferment à l'intérieur du wagon où ils ouvriront le feu au premier coup de sifflet de la locomotive. On attend donc le coup de sifflet convenu, quand soudain des cris sauvages retentissent. Des détonations[1] les accompagnent, mais elles ne viennent pas du wagon réservé aux duellistes. Le train est attaqué par une bande de Sioux ! Des coups de feu et des cris de guerre encerclent bientôt le convoi[2]. Le colonel Proctor et Mr. Fogg, revolver au poing, sortent aussitôt du wagon et se précipitent vers l'avant, où les cris et les détonations sont plus forts. Ils ont compris que le train est attaqué. Les voyageurs sont déjà prêts à riposter[3], lorsque les Sioux montent dans le train et frappent violemment le mécanicien qui perd connaissance. Les wagons sont alors transformés en champ de bataille, on crie, on se bat avec courage. Même Mrs. Aouda, un

---

1. **une détonation :** un bruit produit par une arme à feu.
2. **un convoi :** une suite de véhicules de transport qui ont la même destination, qui font route ensemble.
3. **riposter :** ici, se défendre.

revolver à la main, se défend quand un Sioux se présente à elle. Le conducteur qui se bat aux côtés de Mr. Fogg est tout à coup renversé par une balle. En tombant, il supplie Phileas Fogg d'arrêter le train qui se trouve désormais à quelques minutes de la station de fort Kearney. Là, se trouve un poste américain qui est leur seule chance d'en finir avec cette lutte contre les Sioux. Aussitôt, Phileas Fogg s'élance hors du wagon pour tenter la manœuvre mais une fois de plus, Passepartout décide de jouer les héros et se charge de l'affaire sans demander son avis à son maître. S'il réussit à arrêter à temps le train, les soldats du fort Kearney pourront leur porter secours : après, il sera trop tard. C'est ainsi que notre serviteur-acrobate se faufile sous les wagons, tandis qu'il entend les balles siffler au-dessus de sa tête. La seule solution est de décrocher la locomotive du reste du train. En effet, quelques minutes plus tard, le train détaché commence à perdre de la vitesse. Les freins, manœuvrés à l'intérieur des wagons, permettent d'arrêter tout à fait l'engin et ce, à quelques pas du fort. Les soldats, attirés par les coups de feu, arrivent en hâte[4]. Les Sioux, qui ne les ont évidemment pas attendus, se sont déjà enfuis. Malheureusement, ils ont eu le temps d'emporter avec eux quelques souvenirs : deux voyageurs et ce courageux français dont le dévouement vient de sauver les passagers. Les blessés sont assez nombreux, mais aucun n'est atteint mortellement. Cependant, le colonel qui s'est bravement battu est gravement blessé par une balle qui l'a frappé. Il est transporté à la gare avec d'autres voyageurs, qui ont besoin de soins immédiats.

Mrs. Aouda est sauve. Phileas Fogg, qui ne s'est pas épargné, n'a pas une égratignure. Fix est blessé au bras, blessure sans importance. Mais Passepartout manque, et les larmes coulent des yeux de Mrs. Aouda.

---

4. en hâte : rapidement.

– Je le retrouverai, mort ou vivant, dit alors Phileas Fogg à la jeune femme après quelques minutes de réflexion.

Mais cette résolution met définitivement fin à la possibilité de gagner son pari : un seul jour de retard peut lui faire manquer le paquebot à New York. À l'aide d'une trentaine de soldats du fort, Phileas Fogg se lance à la poursuite des Sioux pour sauver son serviteur Passepartout. Fix demande au gentleman s'il peut l'accompagner mais Phileas Fogg préfère qu'il reste auprès de Mrs. Aouda au cas où il devait lui arriver malheur. Le détective obéit sans résistance. La jeune femme reste dans la salle d'attente de la gare, et là, seule, elle songe à Phileas Fogg, à cette générosité simple et grande, et à son courage. Mr. Fogg a sacrifié sa fortune et maintenant il joue aussi sa vie, sans hésitation, par devoir. Phileas Fogg est un héros à ses yeux. Fix, lui, ne pense pas la même chose : il se reproche déjà d'avoir laissé partir cet

homme qu'il a suivi autour du monde. « C'est évident, il a compris qui je suis et il s'enfuit au premier prétexte ! »

À la grande satisfaction des voyageurs, le mécanicien décide de faire repartir le train. Mais quand Mrs Aouda voit la locomotive se mettre en tête, elle quitte la gare et demande :

– Vous allez partir ?

– À l'instant, Madame. Nous avons déjà trois heures de retard.

– Mais ces prisonniers… nos malheureux compagnons… Et quand passera l'autre train venant de San Francisco ?

– Demain soir, Madame.

– Mais il sera trop tard. Il faut attendre…

Fix, qui voulait quitter les lieux quelques instants auparavant, décide à la dernière minute de ne pas monter dans le train. Le mécanicien siffle, la machine se met en marche emportant avec elle les voyageurs et quelques blessés dont, entre autres, le colonel Proctor dans un état grave.

Le temps est fort mauvais, le froid très vif. Mrs. Aouda quitte la salle d'attente à chaque instant car elle espère voir apparaître son héros à travers la tempête de neige. La nuit s'écoule ainsi sans signe de vie ni de Phileas Fogg, ni des autres. L'aube vient juste de se lever, lorsqu'on entend au loin des coups de feu. Est-ce un signal ? Fix, Mrs. Aouda et les soldats qui sont restés aperçoivent alors une petite troupe qui revient en bon ordre. Fogg marche en tête avec à ses côtés Passepartout et les deux voyageurs, arrachés aux mains des Sioux. Sains et saufs, ils sont accueillis par des cris de joie. Le gentleman distribue aux soldats la prime qu'il leur avait promise, tandis que Passepartout se répète non sans quelque raison : « Décidément, je coûte cher à mon maître ! »

Fix, dont les impressions se combattent en lui, regarde Mr. Fogg sans prononcer une parole ; tout comme Mrs. Aouda, qui dans un parfait silence se contente de prendre la main du gentleman dans la sienne.

Passepartout, quant à lui, conscient du temps qu'il a fait perdre à son maître, s'informe dès son arrivée sur l'heure des trains pour New York.

– Quand passe le prochain train ? demande-t-il au chef de gare.

– Pas avant ce soir, Monsieur !

Ainsi, Phileas Fogg se trouve dorénavant en retard de vingt heures et par sa faute !

Passepartout essaie de trouver une solution quand il voit Fix s'approcher de Phileas Fogg.

– Vous êtes vraiment pressé ? lui demande-t-il.

– Oui, vraiment, lui répond l'impassible Fogg.

– Un homme vient de me proposer de faire en traîneau à voiles [5] le trajet jusqu'à la gare d'Omaha. Arrivés là-bas, nous pouvons prendre un train pour New York.

Le détective présente alors l'homme qui lui a fait cette proposition. Après quelques minutes de discussion, il est décidé que le traîneau les portera tous à Omaha. Pendant l'hiver, sur la plaine glacée, il arrive souvent d'utiliser ce moyen de transport très rapide d'une station à l'autre, lorsque les trains sont arrêtés par la neige. Une heure plus tard, le traîneau est prêt à partir. Les passagers sont serrés étroitement les uns contre les autres dans leur couverture de voyage.

Sous l'impulsion du vent, les voilà partis, filant sur la neige durcie, avec une rapidité de soixante-cinq kilomètres heure. La prairie, que le traîneau coupe en ligne droite, est plate comme un lac. Si aucun incident ne se produit, ils peuvent atteindre Omaha en cinq heures. Au lieu d'arriver le matin à New York, ils y arriveront le soir, mais avec un peu de chance, le bateau pour Liverpool ne sera pas encore parti.

---

5. **un traîneau à voiles :** un véhicule bas muni de patins à la place de roues, servant à se déplacer sur la neige ou sur la glace.

Quelques heures plus tard, le pilote du traîneau indique un amas de toits blancs de neige et s'écrie : « Nous sommes arrivés ! ». Ils sautent alors tous à terre, remercient l'homme qui les a conduits et se précipitent à la gare d'Omaha. Par chance, ils trouvent un train direct prêt à partir pour New York. Deux jours après, le 11 décembre à onze heures du soir, ils arrivent à New York. Mais le *China*, à destination de Liverpool, est parti depuis quarante-cinq minutes !

RÉFLEXION

1 **Qu'est-ce que Phileas Fogg est aux yeux de Mrs. Aouda et qu'est-ce qu'elle éprouve pour lui ?**

2 **Quelles valeurs émergent de la libération de Passepartout par Phileas Fogg et les soldats ?**

3 **Quelle est la manière d'être de Mrs. Aouda au retour triomphant de son héros Phileas Fogg ? Quels sentiments manifeste-t-elle ? Quelle attitude adopte-t-elle ?**

Après la lecture • page 92
Valeurs et sentiments • page 110

Tout est perdu ?

Mercredi 11 décembre

Quand il est parti, le *China* a emporté avec lui le dernier espoir pour Phileas Fogg de gagner son pari. En effet, aucun des bateaux accostés au quai du port de New York ne peut servir les projets de notre gentleman : ils ne partent pas avant le 14 décembre. C'est trop tard pour être à Londres le 21 décembre à huit heures quarante-cinq au Reform Club. Passepartout est anéanti. Avoir manqué le paquebot pour quarante-cinq minutes ! Et en plus par sa faute.

Fogg ne lui fait cependant aucun reproche et se contente de dire :

– Allons passer la nuit dans un hôtel, nous aviserons[1] demain !

Le lendemain, c'est le 12 décembre et du 12, sept heures du matin, au 21, huit heures quarante-cinq du soir, il leur reste neuf jours, treize heures et quarante-cinq minutes. Il est sept heures du matin quand Phileas Fogg sort de l'hôtel pour se rendre au port afin de trouver une embarcation. Après avoir cherché longuement un bateau possible, il rencontre le capitaine d'un *steamer* à coque[2] de fer et aux hauts en bois nommé l'*Henrietta*.

– Vous partez dans combien de temps ? lui demande Phileas Fogg.

– Dans une heure en direction de Bordeaux, répond le capitaine.

– Voulez-vous nous transporter à Liverpool, moi et trois autres personnes ?

– À Liverpool, certainement pas, répond catégoriquement le capitaine.

– Alors, je vous offre deux mille dollars pour nous emmener à Bordeaux, propose Fogg après quelques secondes de réflexion.

– Deux mille dollars par personne ? répète le capitaine étonné par une proposition aussi alléchante[3]. Il se gratte le front un peu perplexe puis, après quelques secondes de réflexion, il ajoute :

– Je pars à neuf heures.

Deux heures plus tard, nos quatre voyageurs se trouvent sur l'*Henrietta* en direction de Bordeaux. Le lendemain, 13 décembre, un homme monte sur le pont pour faire le point. Cet homme n'est pas le capitaine, mais Phileas Fogg. Ce qui s'est passé est très simple : Phileas Fogg a accepté de prendre passage pour Bordeaux et a acheté tout l'équipage. Voilà comment il est devenu capitaine et pourquoi le *steamer* se dirige vers Liverpool et non pas vers Bordeaux. Et voilà aussi pourquoi le vrai capitaine est enfermé dans sa cabine

---

1. **aviser :** ici, décider ou s'en occuper.
2. **la coque :** la carcasse d'un navire.
3. **alléchant :** intéressant.

à pousser des hurlements de désespoir. Durant la traversée, Phileas Fogg s'avère être un marin hardi⁴ qui réussit malgré les éléments à tenir tête à la mer. Le 16 décembre, c'est le soixante-quinzième jour écoulé depuis le départ de Londres : la moitié de la traversée de l'Atlantique est accomplie⁵. Ce jour-là, un mécanicien rejoint Phileas Fogg à la barre pour lui annoncer qu'il n'y a plus de charbon pour aller à toute vapeur à Liverpool.

Fix de son côté ne sait plus quoi penser de son voleur : il est convaincu que le bateau ne se rend pas à Liverpool, mais que Mr. Fogg les emmène dans un lieu inconnu où, devenu pirate, il se mettra en sûreté pour échapper à la police.

Le 18, comme prévu, le combustible vient à manquer. Phileas Fogg fait venir le capitaine toujours enragé dans sa cabine.

– Je vous achète votre bateau, dit-il au capitaine de l'*Henrietta*.

---

4. hardi : audacieux, courageux, entreprenant.
5. accompli : fait.

– Pas question.

– Je vais devoir brûler votre navire ou en tout cas, tout ce qui peut me servir comme combustible.

– Vous n'y pensez pas ! Brûler un bateau qui vaut 50 000 dollars !

– En voici 60 000 pour tout ce qui peut être utile comme combustible et je vous laisse la coque.

Cette proposition a un effet prodigieux[6] sur le capitaine. Et c'est ainsi qu'en quelques jours, ce beau bateau se trouve complètement rasé. Il ne reste plus que les structures en métal, dont la coque. Le 20 décembre, à l'approche de la côte irlandaise, il n'y a plus rien à brûler sur le bateau. Mr. Fogg décide alors d'accoster à Queenstown, le port le plus proche. On abandonne la carcasse du navire et le capitaine après une bonne poignée de main[7]. Fix, à ce moment, a envie d'arrêter Mr. Fogg. Il ne le fait pas, pourtant ! Pourquoi ? Quel combat se livre donc à nouveau en lui ? Toutefois, il ne l'abandonne pas et décide de continuer à le suivre. Les voyageurs se précipitent à la gare pour se rendre à Dublin, la ville la plus importante d'Irlande, et de là, prendre un autre bateau pour Liverpool. Ce voyage semble interminable ! À midi moins vingt, le 21 décembre, ils débarquent enfin sur le quai de Liverpool. Ils ne sont plus qu'à six heures de Londres, juste le temps qu'il faut pour être à l'heure au Reform Club. Mais à ce moment-là, Fix s'approche de Phileas Fogg, lui met la main sur l'épaule et exhibe[8] son mandat.

– Vous êtes bien Phileas Fogg ? dit-il.

– Oui, Monsieur.

– Au nom de la reine, je vous arrête !

Et quelques instants plus tard, Phileas Fogg se retrouve dans un poste de police à Liverpool. Les sentiments de Passepartout sont faciles à imaginer : son plus grand désir est d'étrangler Fix. Cet homme qui

---

6. prodigieux : incroyable.

7. une poignée de main : le geste amical de se serrer la main.

8. exhiber : montrer.

a réussi à cacher son jeu pendant tout le voyage, qui a fait semblant d'être un ami, quel traître ! Il se sent coupable de ce malheur. S'il avait prévenu son maître du projet d'arrestation de Fix et de ses suspicions à propos du vol de la Banque d'Angleterre, celui-ci aurait pu fournir les preuves de son innocence. Quant à Mrs. Aouda, inutile de préciser dans quel état elle se trouve : Fogg est ruiné au moment d'atteindre son but. Notre gentleman est assis sur un banc, calme, imperturbable, peut-être dans l'attente d'un miracle... lorsqu'un brouhaha[9] se fait entendre à l'extérieur. La porte s'ouvre brutalement et il voit se précipiter vers lui Fix, Mrs. Aouda et Passepartout. Fix est hors d'haleine[10], les cheveux en désordre... il ne réussit pas à prononcer un mot.

– Monsieur, balbutie[11]-t-il, Monsieur... pardon... une ressemblance incroyable... Le voleur a été arrêté, il y a trois jours... vous... vous êtes libre !

---

9. **un brouhaha :** un bruit de voix confus.
10. **hors d'haleine :** à bout de souffle.
11. **balbutier :** ici, parler avec difficulté.

RÉFLEXION

1 **Qu'est ce qui compte le plus pour Phileas Fogg dans ce chapitre ? De quoi fait-il preuve ? Plusieurs réponses sont possibles.**

détermination   générosité   audace   lâcheté   hardiesse

2 **Mets en évidence les adjectifs qui correspondent aux personnages.**

accablée   rongé par la culpabilité   en colère   désespérée

Passepartout : .... ; ....

Mrs. Aouda : .... ; ....

Après la lecture • page 94
Valeurs et sentiments • page 110

Une heureuse erreur

Phileas Fogg est libre ! Il s'approche alors du détective qui vient de lui annoncer la nouvelle, le regarde dans les yeux et en un seul mouvement, il frappe de ses deux poings[1] le malheureux détective.

– Bien fait ! s'exclame Passepartout heureux de la réaction de son maître.

Fix, à terre, ne prononce pas un mot. Il n'a que ce qu'il mérite ! Aussitôt, Phileas Fogg, Mrs. Aouda et Passepartout quittent le poste de police et rejoignent en voiture la gare de Liverpool. À trois

---

1. **le poing :** la main fermée, serrée.

heures, après avoir dit quelques mots au mécanicien d'une certaine prime à gagner, ils prennent un train pour Londres. Normalement, il est très possible de parcourir la distance Liverpool-Londres en cinq heures trente, quand la voie est libre sur tout le parcours. Malheureusement, lors du trajet, le train prend du retard et quand le gentleman arrive à la gare, neuf heures moins dix sonnent à toutes les horloges de Londres. Phileas Fogg, après avoir accompli ce voyage autour du monde, a un retard de cinq minutes !... Il a perdu.

Le gentleman reçoit ce dernier coup du sort avec son habituelle impassibilité. Ruiné ! Et par la faute de ce maladroit détective ! De la somme emportée au départ il ne lui reste qu'un reliquat[2] insignifiant. Sa fortune ne se compose plus que des vingt mille livres déposées à la banque, et ces vingt mille livres, il les doit à ses collègues du Reform Club. La jeune femme, en revanche, est désespérée et Passepartout, très inquiet, se préoccupe pour son maître. Avec ce pari, il n'a certainement pas cherché à s'enrichir – étant un homme qui parie pour l'honneur –, mais ce pari perdu le ruine totalement. Rentrés au domicile du gentleman, une chambre est préparée pour Mrs. Aouda. Quant à Passepartout, il reprend le programme suivi avant le départ pour le tour du monde. Mais une atmosphère étrange règne dans la maison, elle semble comme inhabitée. Portes et fenêtres, tout est clos[3]. Aucun changement apparent[4] à l'extérieur. En effet, le lendemain, lorsque onze heures et demie sonnent à la tour du Parlement, Phileas Fogg ne se rend pas au Reform Club. Pourquoi irait-il, puisqu'il a perdu son pari ?

Vers sept heures et demie du soir, Fogg fait demander à Mrs. Aouda si elle peut le recevoir. Quelques instants après, il se trouve assis en face d'elle.

---

2. un reliquat : ce qui reste de quelque chose.
3. clos : fermé.
4. apparent : visible.

– Madame, lorsque j'ai pris la décision de vous emmener en Angleterre pour vous mettre à l'abri du danger, j'étais riche et je pensais mettre une partie de ma fortune à votre disposition. Cela pouvait vous suffire pour vous rendre heureuse et libre. Mais maintenant, je suis ruiné.

– Je le sais, Mr. Fogg, et pardonnez-moi d'avoir contribué à votre ruine : vous m'avez sauvé la vie et ça vous a fait perdre du temps.

– Madame, une mort horrible vous attendait. Je vous demande d'accepter les biens qui me restent.

– Mais vous ?

– Je n'ai besoin de rien.

– Vos amis peuvent…

– Je n'ai pas d'amis, Madame.

– Vos parents…

– Je n'ai plus de parents.

– La misère est moins insupportable à deux.

La jeune femme se lève en lui tendant les bras :

– Voulez-vous à la fois d'une parente et d'une amie ? Voulez-vous de moi pour femme ?

Mr. Fogg se lève alors à son tour.

Il y a comme un reflet inaccoutumé[5] dans ses yeux, comme un tremblement sur ses lèvres.

– Je vous aime ! dit-il simplement. Et je suis tout à vous.

– Ah !… s'écrie Mrs. Aouda qui porte la main à son cœur.

Le gentleman fait sonner Passepartout. Quand il arrive dans la pièce où se trouvent Mrs. Aouda et son maître, Mr. Fogg tient encore la main de la jeune femme. Passepartout comprend tout de suite ce qui se passe et son visage se met à rayonner de joie. Il est chargé de prévenir immédiatement le révérend Wilson pour célébrer le mariage le lendemain, lundi. Il est huit heures trente-cinq lorsque Passepartout sort de la maison du révérend en courant. En trois minutes, il est de retour à Savile Row où, essoufflé, il annonce à son maître :

– Demain, mon maître… mariage impossible…

– Que se passe-t-il ? demande Mr. Fogg à son serviteur.

– Aujourd'hui, on est samedi et demain, c'est dimanche.

– Samedi ? Impossible.

– Si, si ! Vous vous êtes trompé d'un jour ! Nous sommes arrivés vingt-quatre heures en avance… mais il ne reste plus que dix minutes.

Quelle est la raison de cette erreur ? Sans s'en douter, Phileas Fogg, qui a voyagé toujours vers l'est, a gagné un jour sur son itinéraire. Le globe terrestre est divisé en vingt-quatre fuseaux horaires et toute personne qui voyage vers l'est, gagne une heure par fuseau horaire. En faisant le tour du globe, Phileas Fogg a gagné vingt-quatre heures !

Il est difficile de décrire l'anxiété dans laquelle vit la société anglaise depuis les trois jours qui précèdent[6] le retour présumé de Phileas Fogg. On lance des dépêches en Amérique, en Asie pour avoir des nouvelles du gentleman, on surveille la maison de Savile Row, les paris reprennent et vont bon train[7]. Bref, à

---

5. **inaccoutumé :** inhabituel.
6. **précéder :** arriver avant.
7. **aller bon train :** progresser, s'intensifier.

mesure que l'heure à laquelle doit arriver Phileas Fogg approche, l'émotion prend des proportions invraisemblables.

Passepartout saisit son maître au collet[8] et l'entraîne avec une force irrésistible. Phileas Fogg saute dans un cabriolet[9] et, après avoir failli écraser[10] deux chiens et avoir évité cinq accidents, il arrive au Reform Club. L'horloge du salon, dont le balancier bat la seconde avec une régularité mathématique, marque huit heures quarante-quatre lorsque Phileas Fogg pénètre dans la pièce. Là, ses collègues l'attendent debout autour de la table de jeu, les yeux rivés sur l'horloge et comptant les secondes.

Le balancier n'a pas battu la soixantième seconde, que le gentleman leur dit de sa voix calme :

– Me voici, Messieurs.

Il a accompli son voyage autour du monde en quatre-vingts jours ! Il a gagné son pari.

Phileas Fogg a donc gagné les vingt mille livres. Mais comme il en a dépensé en route environ dix-neuf mille, le résultat reste médiocre. Toutefois, on le sait, l'excentrique gentleman n'a pas cherché la fortune avec son pari. D'ailleurs, les mille livres restantes, il les partage entre l'honnête Passepartout et le malheureux Fix, auquel il est incapable d'en vouloir. Par contre, pour la régularité, il retient à son serviteur le prix des mille neuf cent vingt heures de gaz dépensé par sa faute.

Ce soir-là même, Mr. Fogg, aussi impassible, aussi flegmatique, dit à Mrs. Aouda :

– Ce mariage vous convient-il toujours, Madame ?

– Monsieur, c'est à moi de vous poser cette question. Vous étiez ruiné, vous voici riche…

– Cette fortune vous appartient. Sans la pensée de ce mariage,

8. le collet : la partie d'un vêtement qui se trouve au niveau du cou.
9. un cabriolet : un genre de voiture munie d'une capote mobile.
10. écraser : renverser et tuer quelqu'un, un animal ou le blesser grièvement en lui passant sur le corps.

mon domestique ne serait pas allé chez le révérend Wilson et je n'aurais pas été averti de mon erreur…

Le lundi matin, jour de la célébration du mariage de Phileas Fogg avec Mrs. Aouda, Passepartout se précipite dans la chambre de son maître.

– Monsieur, savez-vous ce que je viens d'apprendre ?

– Qu'y a-t-il, Passepartout ?

– Nous pouvions faire le tour du monde en soixante-dix-huit jours seulement !

– Sans doute, mon cher, mais si je n'avais pas traversé l'Inde, Mrs. Aouda ne pourrait pas aujourd'hui devenir ma femme !

RÉFLEXION

1 **Sélectionne des mots pour décrire la manière dont Phileas Fogg voit le pari au début et à la fin de l'histoire, quand il pense l'avoir perdu.**

défi personnel   aventure   responsabilité
honneur   opportunité   ruine

Début de l'histoire : .... ; .... ; ....

Fin de l'histoire : .... ; .... ; ....

2 **Quelles valeurs importantes contient ce dernier chapitre ? Plusieurs réponses sont possibles.**

amour   méfiance   ponctualité
persévérance   argent   égoïsme

3 **Comment qualifier Phileas Fogg dans ce chapitre ? Choisis les adjectifs qui lui correspondent le mieux.**

rancunier   généreux   rigoureux   honnête   sensible
sincère   modeste   fier   suffisant

Après la lecture • page 96
Valeurs et sentiments • page 110

L'Inde dans le roman et aujourd'hui

Présentation géographique

Dans son roman *Le tour du monde en 80 jours*, Jules Verne définit ainsi l'Inde : « Ce grand triangle renversé dont la base est au nord et la pointe au sud ». Située en Asie méridionale, l'Inde est, en effet, un grand pays triangulaire pris entre la longue chaîne de l'Himalaya au nord et l'Océan indien au sud. C'est le septième pays au monde par sa superficie.

▶ Carte de l'Inde au XIXᵉ siècle.

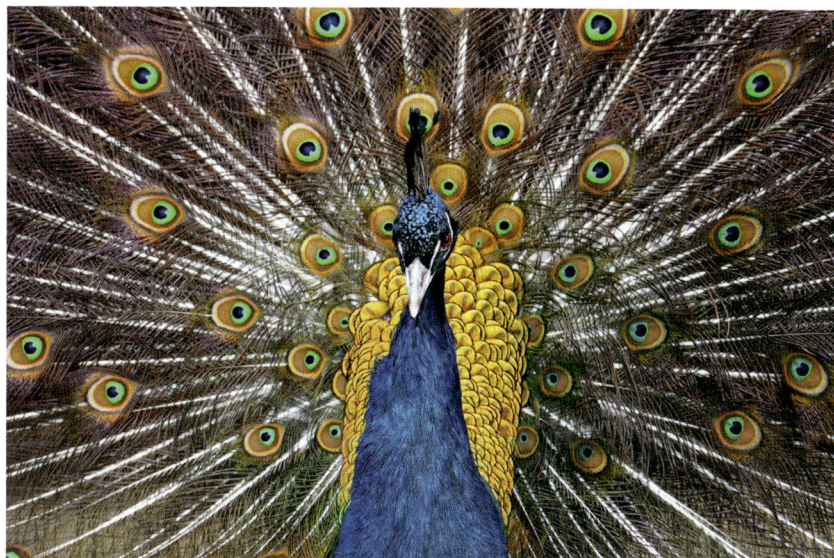
▶ Le paon, oiseau national indien.

La faune et l'environnement

Actuellement, 10% du pays est couvert de forêts et seulement 4% est protégé. Durant les dernières décennies, le gouvernement a pris des mesures sérieuses pour améliorer la gestion de l'environnement et a établi plus de 350 parcs, sanctuaires et réserves.

La faune de l'Inde est composée principalement de rhinocéros, éléphants, lions, léopards, panthères et tigres, dont ceux du Bengale constituent le symbole national. Le pays possède aussi une riche variété de cerfs et d'antilopes, de buffles sauvages, de massifs bisons indiens, d'ours, de hyènes rayées, de porcs sauvages, de chacals et de chiens sauvages indiens. Il y a aussi une population très importante de singes comme les macaques. La famille des reptiles comprend de magnifiques cobras royaux, des pythons, des crocodiles, de grandes tortues d'eau douce et des lézards. Dans la famille des oiseaux, on rencontre des aigles et des hiboux ainsi que l'oiseau national de l'Inde, le paon.

L'éléphant d'Asie, que l'on trouve en Inde, est plus petit que l'éléphant d'Afrique. Ses oreilles sont moins grandes et ses défenses[1] sont le plus souvent courtes et légères. C'est une monture très recherchée car elle est rapide, docile et peut supporter des charges importantes.

Petite histoire de l'Inde britannique

Au début du XVIe siècle, l'Inde est un champ de rivalités pour les pays occidentaux qui y installent des comptoirs[2]: Portugais, Hollandais, Français et Britanniques. Les Français et les Anglais entrent en lutte pour obtenir des concessions territoriales. La guerre franco-anglaise prend fin avec le traité de Paris en 1763 et l'entreprise de colonisation britannique devient systématique. Pour développer l'économie coloniale, les Britanniques augmentent la production de fer et de charbon, développent les plantations de thé, de café et de coton, et commencent la construction du vaste réseau ferroviaire de l'Inde.

Le nationalisme indien prend une véritable ampleur avec l'arrivée en 1915 de Mahatma Gandhi qui concentre son attention sur la question de l'indépendance et adopte une politique de résistance non-violente à la règle britannique. En 1942, il lance le mot d'ordre

1. **les défenses :** les dents dépassantes et pointues de certains mammifères.
2. **un comptoir :** une installation commerciale dans un pays éloigné.

▶ Statue dédiée au Mahatma Gandhi.

« Quittez l'Inde ». En 1944, il obtient quelques concessions de la part des Britanniques qui finissent par accepter l'indépendance.

Le 15 août 1947, l'indépendance de l'Union indienne est proclamée et Nehru devient Premier ministre. L'ex-Empire britannique est divisé en deux États : la République indienne et la République islamique du Pakistan.

1 Lis le dossier, puis réponds aux questions.

1. Selon Jules Verne, à quelle forme géométrique fait penser l'Inde ?
2. Dans quel continent se situe l'Inde ?
3. Parmi les pays les plus grands au monde, quelle place occupe l'Inde ?
4. Quels types de reptiles trouve-t-on en Inde ?
5. Quels animaux sont les symboles nationaux de l'Inde ?
6. Pourquoi l'éléphant est-il recherché ?
7. Avant son indépendance, l'Inde était sous le contrôle de quel pays ?
8. En quelle année l'Inde est-elle devenue indépendante ?

2 À l'aide du texte, mets en ordre la chronologie de l'histoire de l'Inde donnée dans le désordre.

a ☐ Proclamation de l'indépendance de l'Union indienne.

b ☐ Division de l'ex-Empire britannique en deux États : la République indienne et la République islamique du Pakistan.

c ☐ Adoption de la politique de résistance non-violente à la règle britannique par Gandhi.

d ☐ Nehru devient Premier ministre.

e ☐ Fin de la guerre franco-anglaise.

Les transports au XIXᵉ siècle et dans le roman

À travers son roman, Jules Verne fait découvrir à ses lecteurs la nouvelle géographie du monde du XIXᵉ siècle. Grâce à la révolution des transports, les civilisations ne sont plus isolées comme avant. Tel est l'exemple de l'Inde, qui est le premier grand pays traversé dans le récit. La révolution des transports y a fait ses premiers pas même si parfois il faut avoir recours à des moyens plus simples, comme le dos d'un éléphant !

À l'époque, le chemin de fer traverse les continents, les bateaux fonctionnent à vapeur et le canal de Suez, terminé en 1869, diminue de moitié le temps nécessaire pour aller de Londres à Bombay. Pour écrire *Le tour du monde en 80 jours*, Jules Verne amasse donc sans trop de difficulté toute sorte de documents et d'informations authentiques. C'est aussi grâce à la révolution industrielle et par conséquent à celle des transports, qui accroît l'engouement [1] frénétique pour les voyages au cours du siècle, que l'aventure

---

1. **engouement :** enthousiasme, goût très vif pour quelque chose.

de Phileas Fogg est possible. Comme le souligne le roman, le développement en cours et les informations dont disposent les voyageurs, facilitent grandement les déplacements même si les pays traversés ne sont pas tous au même niveau.

La révolution ferroviaire du XIXᵉ siècle

Au cours du XVIIIᵉ siècle, se développe au Royaume-Uni une première révolution industrielle. À partir des années 1830, elle gagne la Belgique, la France et l'ouest de l'Allemagne. Fondée sur l'utilisation de la machine à vapeur, elle apparaît surtout dans les régions minières, où sont implantées les premières usines.

En effet, c'est au début du XIXᵉ siècle que l'utilisation de la machine à vapeur révolutionne le monde des transports permettant la mise en mouvement de la locomotive. La première locomotive à vapeur, capable d'entraîner plusieurs wagons sur voie ferrée, est mise au point par l'Anglais George Stephenson (1781-1848), vers 1814. La première voie ferrée a été construite en 1825 en Angleterre pour assurer le transport du charbon. La première ligne qui assure aussi le transport des voyageurs est réalisée en 1830.

▶ Train des chemins de fer indiens.

En France, le chemin de fer naît dans des conditions identiques : réservé dans un premier temps aux marchandises (la première ligne ferroviaire est créée en 1828), elle s'ouvre en 1832 aux voyageurs (ligne qui relie Roanne à Saint-Étienne et à Lyon).

En Inde, le chemin de fer apparaît en 1853 et, en 1947, année de l'indépendance, on compte pas moins de 42 réseaux. Après leur nationalisation et leur fusion en 1951, ils constituent l'un des plus grands réseaux au monde. Le transport ferroviaire à travers le pays est assuré par la compagnie publique des Chemins de fer indiens (« Indian Railways »), dont le réseau traverse le pays de long en large et s'étend sur 63 140 kilomètres de lignes. C'est l'un des réseaux de chemin de fer les plus longs et les plus chargés au monde et le mode de transport à grande distance le plus utilisé dans le pays.

Les voyages en mer au XIXe siècle

Au cours du XIXe siècle, les voyages en mer subissent eux aussi une véritable révolution. Les navires équipés d'une machine à vapeur, d'une coque en fer et d'une hélice vont bientôt supplanter les bateaux à voiles et réaliser de véritables prouesses notamment en termes de vitesse.

---

1 Relis attentivement le texte et réponds aux questions.

1. Qu'est-ce qui facilite le déplacement des voyageurs au cours du XIXe siècle ?

2. Au XIXe siècle, où trouve-t-on principalement les premières machines à vapeur et pourquoi ?

3. À quoi sert la construction de la première voie ferrée en Angleterre ?

4. La compagnie ferroviaire indienne est-elle publique ou privée ?

---

2 Si tu devais faire le tour du monde, quel moyen de transport utiliserais-tu? Pourquoi ? Un tel voyage te semble-t-il plus facile à organiser de nos jours ?

Activités

1 Compréhension • Choisis la bonne réponse.

1. Quelle est la situation de famille de Phileas Fogg ?

   a ☐ Divorcé.

   b ☐ Marié.

   c ☐ Veuf.

   d ☐ Célibataire.

2. Quel type de patron Passepartout recherche-t-il ?

   a ☐ Un homme casanier et régulier.

   b ☐ Un homme voyageur et irrégulier.

   c ☐ Un homme sympathique et agréable.

   d ☐ Un homme ouvert et aventureux.

3. Qu'est-ce que le surnom de Passepartout nous apprend sur son caractère?

   a ☐ Il est très courtois.

   b ☐ Il trouve toujours une solution aux problèmes.

   c ☐ Il pratique beaucoup d'activités.

   d ☐ Il est maladroit.

4. À quoi aspire Passepartout en venant se présenter au gentleman anglais ?

   a ☐ À faire le tour du monde.

   b ☐ À gagner beaucoup d'argent.

   c ☐ À mener une vie tranquille.

   d ☐ À voyager.

2 Personnages • Écris les noms des métiers représentés sur les images et décris-les ; ensuite coche ceux que Passepartout a exercés.

1   2   3   4

....

....

Futur simple et futur proche

Sera-t-il le domestique exact qu'il faut à son maître ?
Son caractère expansif *va-t-il s'accorder* avec celui de Mr. Fogg ?

- Le **futur simple** s'utilise pour **parler d'une prévision ou d'un projet rêvé**.

  *Demain, il **fera** beau partout en Angleterre.*

  Il se forme à partir de **l'infinitif du verbe** auquel on ajoute **les terminaisons -ai, -as, -a, -ons, -ez, -ont**. Quand l'infinitif se termine par un **-e**, on supprime le *-e* et on ajoute les terminaisons.

  *Prend**r**e : je prendrai, tu prendras, etc.*

- Le **futur proche** est très utilisé **à l'oral** pour **parler d'un changement ou d'un futur immédiat**.

  *Dépêchons-nous ! Le train **va partir**.*

  Il est formé du verbe **aller** au présent de l'indicatif, suivi d'un **verbe à l'infinitif**.

3 Grammaire • Complète chaque phrase en conjuguant le verbe au futur simple ou au futur proche.

1. Cet été, il .... (*faire*) très chaud.

2. En hiver nous .... (*jouer*) aux cartes tous les mardis.

3. Nous .... (*changer*) tous les ordinateurs de la bibliothèque.

4. Le film .... (*finir*) dans cinq minutes.

4 Production écrite • Décris ta maison idéale et fais-en un plan. Tu peux t'aider des questions ci-dessous.

1. À quoi ressemble-t-elle ?

2. Comment se compose-t-elle ?

3. De combien de pièces dispose-t-elle ?

4. Est-elle pratique, confortable, agréable ? Dis pourquoi.

1 Compréhension • Réponds aux questions.

1. Comment Phileas Fogg passe-t-il ses journées au Reform Club ?

2. Pourquoi est-il possible de faire le tour du monde en moins de temps qu'autrefois ?

3. Que fait le gentleman anglais pour engager fermement le pari ?

4. Est-ce que Phileas Fogg demande son avis à Passepartout lorsqu'il lui annonce leur départ ?

5. Qu'est-ce que Phileas Fogg demande à Passepartout de préparer ?

6. Pourquoi Phileas Fogg met-il vingt mille livres dans le sac de voyage ?

7. Qu'est-ce que Passepartout a oublié de faire avant le départ de la maison de Phileas Fogg ?

8. Dans ce chapitre, quels sont les changements qui s'opèrent chez Phileas Fogg après son pari avec les membres du Reform Club ?

2 Production orale • Pose les questions qui correspondent aux réponses chiffrées ci-dessous en suivant l'exemple donné.

0. Cinq cent soixante-quinze fois
Question: Combien de fois Phileas Fogg place-t-il son pied droit devant son pied gauche ?

1. 11h30

2. 12h47

3. 13h17

4. Cinquante-cinq mille livres

5. Le 29 septembre

6. Deux mille livres

7. Le 2 octobre

8. Le 21 décembre

3 Lexique • Relie les mots à leur signification.

1. vol   a ☐ récompense
2. recueillir   b ☐ cambriolage
3. élégant   c ☐ nation
4. signalement   d ☐ collecter
5. prime   e ☐ distingué
6. pays   f ☐ description

4 Production écrite • Lis et complète cet article de journal à l'aide des mots proposés ci-dessous.

enquête   moustache   vol   policiers
quarante ans   Scotland Yard   recueillies   ports

Le 29 septembre à trois heures quinze de l'après-midi, un (**1**) .... a été commis à la Banque d'Angleterre. Selon les premières informations (**2**) .... l'auteur présumé aurait dérobé la jolie somme de cinquante-cinq mille livres. Il s'est ensuite enfui et n'a pas été appréhendé par les (**3**) .... Une (**4**) .... est actuellement en cours et une prime de deux mille livres et cinq pour cent de la somme retrouvée ont été promis à celui qui arrêtera l'auteur du délit. Le début de l'enquête a permis de faire un premier signalement : il s'agirait d'un gentleman anglais. Particulièrement élégant et distingué, cet individu de (**5**) .... environ porte une (**6**) .... bien taillée et des cheveux blonds bien peignés. Les détectives ont été envoyés dans les principaux (**7**) .... du monde entier et tentent de retrouver le criminel qui pourrait tenter de quitter le pays. Néanmoins, un certain détective Fix de (**8**) .... serait déjà sur ses traces.

1 Compréhension • Choisis la bonne réponse.

1. Qu'est-ce qui pousse le détective Fix à agir dans cette affaire ?

a ☐ Il veut réaliser la prouesse à la place de Phileas Fogg et ainsi faire parler de lui.

b ☐ Il veut la récompense promise en cas d'arrestation du voleur de la Banque.

c ☐ Il n'aime pas Phileas Fogg et il veut le faire arrêter.

2. Pourquoi Fix ne peut-il pas arrêter Mr. Fogg à Suez ?

a ☐ Parce qu'il n'a pas de menottes.

b ☐ Parce que le gentleman a pris la fuite.

c ☐ Parce qu'il n'a pas reçu le mandat d'arrêt à temps.

3. Le *Mongolia* arrive à Bombay...

a ☐ avec du retard.

b ☐ avec deux jours d'avance.

c ☐ au jour et à l'heure prévus.

4. Phileas Fogg tient un carnet de bord...

a ☐ pour se rappeler des lieux visités.

b ☐ pour contrôler ses dépenses.

c ☐ pour constater le retard ou le gain de temps.

5. Passepartout s'attire des ennuis en...

a ☐ enlevant ses chaussures à l'entrée de la pagode de Malabar Hill.

b ☐ pénétrant dans la pagode de Malabar Hill sans connaître les conventions en vigueur.

c ☐ portant son chapeau à l'intérieur de la pagode de Malabar Hill.

6. La ligne ferroviaire entre Bombay et Calcutta...

a ☐ est terminée.

b ☐ est interrompue du fait des travaux en cours.

c ☐ est accidentée.

7. Phileas Fogg poursuit son voyage à dos d'éléphant...

a ☐ par nécessité.

b ☐ par plaisir.

c ☐ par commodité.

2 Images à lire • Observe attentivement les illustrations des pages 24, 26-27 et 28 et réponds aux questions.

1. Comment s'appelle le document illustré à la page 24 ?
2. À quoi sert-il ?
3. Qui sont les personnages qui poursuivent Passepartout sur le dessin des pages 26-27 ?
4. D'après le dessin des pages 26-27, dans quelle posture se trouve Passepartout ?
5. Où se trouvent Passepartout et Phileas Fogg sur l'image de la page 28 ?
6. Que vois-tu sur l'image de la page 28 ?

3 Lexique • Associe le mot à la photographie correspondante.

quai pagode compartiment troupe clairière charrette cabane singe

1

2

3

4

....

5

6

7

8

....

4 Production orale • Dans la vie en société, t'est-il déjà arrivé de te retrouver dans une situation délicate à cause d'un comportement inadéquat ou non respectueux des codes qui forment ce qu'on appelle la politesse, le savoir vivre ou les bonnes manières ? Raconte cet épisode de ta vie.

1 Compréhension • Dis si les affirmations sont vraies (V) ou fausses (F).

		V	F
1.	Mr. Fogg fait preuve d'indifférence vis-à-vis de Mrs. Aouda.	☐	☐
2.	Mr. Fogg prend la place du mari défunt et libère la jeune femme.	☐	☐
3.	Mr. Fogg et Passepartout décident finalement de mettre le feu à la forêt pour tenter de sauver la jeune femme.	☐	☐
4.	Les héros ne réussissent pas à sauver la jeune femme du bûcher.	☐	☐
5.	Passepartout fait preuve de courage et d'audace.	☐	☐
6.	Phileas Fogg doit comparaître devant les juges du tribunal de Calcutta.	☐	☐
7.	Pour se tirer d'affaire, Phileas Fogg verse une caution.	☐	☐
8.	Nos héros arrivent à s'embarquer *in extremis* sur le *Rangoon*.	☐	☐

2 Lexique • Associe les mots indiqués à leur signification.

1. détermination

2. succès

3. sagesse

4. bonheur

5. loyauté

6. confiance

7. courage

a ☐ résultat heureux, positif

b ☐ le sentiment de sécurité ou la foi qu'a une personne vis-à-vis de quelqu'un ou de quelque chose

c ☐ état de complète satisfaction, de joie, de plaisir

d ☐ qualité de quelqu'un qui fait preuve d'un jugement droit et qui agit avec prudence et modération

e ☐ action de définir quelque chose avec précision, fermeté et résolution

f ☐ force de caractère qui permet d'affronter le danger ou les circonstances difficiles

g ☐ qualité de quelqu'un ou de quelque chose qui est honnête

3 Personnages • **En t'appuyant sur le récit associe les actions aux personnages qui les réalisent.**

les gardes   Passepartout (×2)   un policier   Mr. Fogg (×2)   Mrs. Aouda

1. Elle refuse le sacrifice : ....

2. Ils se rendent sur les lieux où la jeune femme est emprisonnée :

    ....

3. Il prend la jeune femme dans ses bras et s'enfuit : ....

4. Ils poursuivent les voyageurs dans la forêt : ....

5. Il offre Kiouni : ....

6. Il arrête Mr. Fogg et Passepartout : ....

4 Lexique • **Voici le récit de l'arrestation à Calcutta de Passepartout et son maître. Lis le texte et complète-le avec les mots proposés.**

arrêté   prétoire   auteur   condamné   délibération   peine   caution
policiers   salle d'audience   prison   tribunal   juge   amende   libération

Cette courte dépêche relate l'arrestation, la condamnation et la (**1**) ....
d'un français à Calcutta pour avoir violé d'un pied sacrilège le pavé de la pagode
de Malabar Hill à Bombay le 20 octobre dernier. Tôt ce matin, l'(**2**) ....
présumé des faits a été (**3**) .... par les (**4**) .... locaux tandis
qu'il tentait de quitter le pays. Il a immédiatement été conduit au (**5**) ....
de justice. Dans la (**6**) .... la tension était palpable et le (**7**) ....
était au complet. L'homme qui a reconnu les faits a été (**8**) .... à
plusieurs jours de (**9**) .... et à une forte (**10**) .... Un certain
Phileas Fogg, tenu lui aussi comme responsable et assujetti par conséquence
à la même (**11**) .... dans cette affaire qui concerne son homme à
tout faire, a cependant offert une grosse somme d'argent en échange de leur
libération immédiate. Après (**12**) ...., le (**13**) .... a accepté la
(**14**) .... et le serviteur et son maître ont aussitôt quitté le pays.

5 Production écrite • **Qu'est-ce que la déesse Kali t'inspire ? Donne tes impressions en t'appuyant sur la description faite dans le roman et aide-toi aussi de l'illustration à la page 30.**

1 Compréhension • **Relie le début de phrase à la fin qui lui correspond.**

1. Au début du chapitre, on apprend que Fix se trouve

2. Sur le *Rangoon*, Fix

3. Le 6 novembre, nos héros doivent

4. Du fait d'une panne, le départ du *Carnatic* pour Yokohama

5. Le mandat que Fix attend avec impatience n'est pas encore arrivé

6. À cause de Fix, Passepartout ne répond pas

7. Le plan de Fix n'a pas fonctionné car

8. Passepartout arrive seul à Yokohama et sans un sou en poche et décide

9. Pour se rendre en Amérique, Passepartout décide

10. Passepartout n'attend pas la fin du numéro de cirque pour

a ☐ embarquer pour Yokohama.

b ☐ sur le paquebot pour Hong-Kong.

c ☐ de se faire engager par Batulcar.

d ☐ Mr. Fogg et Mrs. Aouda s'embarquent sur la *Tankadère* pour faire la traversée et ne pas manquer le prochain paquebot pour Yokohama.

e ☐ d'échanger son vêtement européen contre un vieux vêtement japonais et un peu d'espèce.

f ☐ au coup de sonnette de Phileas Fogg.

g ☐ est retardé.

h ☐ rejoindre son maître et la jeune indienne qui font partie du public de Batulcar.

i ☐ décide de faire parler Passepartout.

j ☐ à Hong-Kong.

2 Production écrite • **Es-tu déjà allé au cirque ? Donne tes impressions et dis ce que tu y as vu. Quels sont tes spectacles préférés ?**

3 Production orale • **Donne ton avis sur la présence des animaux dans les cirques. Es-tu pour ou contre les spectacles qui les mettent en scène ?**

Exprimer l'hypothèse en français

Si Mr. Fogg arrive au port de Yokohama dans les temps, il *pourra* embarquer sur le paquebot de San Francisco.

L'hypothèse en français peut s'exprimer avec **si** suivi d'un verbe dans la *proposition subordonnée hypothétique* et une *proposition principale* qui peut précéder ou suivre la proposition hypothétique.

Attention **La conjonction *si* s'apostrophe seulement devant *il* ou *ils* et non devant *elle, elles, on.***

S'il *parle/**s'ils*** *parlent*. Mais : *si elle parle/**si** elles parlent/**si** on parle.*

Il y a trois importants types d'hypothèse, distingués par la combinaison de temps verbaux.

- **Réelle** : *si* + présent indicatif + présent indicatif, futur ou impératif dans la proposition principale.

  S'il trouve *un travail, il **pourra** aller en Amérique.*

- **Possible** : *si* + imparfait indicatif + conditionnel présent dans la proposition principale.

  S'il avait *le mandat d'arrêt, il **arrêterait** Phileas Fogg.*

- **Irréelle du passé** : *si* + plus-que-parfait + conditionnel passé dans la proposition principale.

  Si *Fix ne l'**avait** pas **enivré**, il **serait monté** sur le paquebot avec Phileas Fogg et Mrs. Aouda.*

4 Grammaire • **Complète les phrases avec les verbes conjugués en faisant attention à la concordance des temps.**

1. Si Fix n'arrête pas son voleur à Hong-Kong, il lui .... (*échapper*) définitivement.

2. Si Passepartout avait été plus précautionneux, il .... (*prévenir*) son maître du départ anticipé du *Carnatic*.

3. Si Passepartout avait été avec son maître sur le paquebot, il .... (*ne pas être*) désespéré.

4. Si Phileas Fogg n'était pas allé voir le spectacle de la troupe Batulcar, il .... (*ne pas retrouver*) Passepartout.

1 Compréhension • Réponds aux questions.

1. Quelle est la destination du *General Grant* ?
2. Au début du chapitre que pense Passepartout au sujet du détective Fix ?
3. Comment se passe le voyage en train en direction de New York avant le premier incident ?
4. Qu'est-ce qui a bloqué le train pendant trois heures ?
5. À quelle occasion Mrs. Aouda reconnaît-elle le colonel Proctor ?
6. Quel problème a le pont de Medicine Bow ?
7. Comment le train traverse-t-il le pont ?

2 Compréhension • Écris les noms des sujets illustrés et utilise les mots pour compléter le carnet de bord de Phileas Fogg, en les plaçant au bon endroit dans le récit.

....

Quel voyage ! D'abord, une heure après le départ, (1) .... a commencé à tomber mais (2) .... bravait les intempéries sans problèmes particuliers. Puis, dans l'état du Névada, (3) .... sont passés sur les rails et le train n'a pas eu d'autre choix que celui de les laisser passer. À cause de ce défilé, nous sommes restés immobilisés pendant trois heures. Mais le plus incroyable, c'est que nous nous sommes arrêtés pour la deuxième fois à la hauteur du pont de Medicine Bow à cause de la grande fragilité de celui-ci. Le mécanicien a proposé de passer à toute vapeur et (4) .... a accepté de courir le risque avec tous les voyageurs à bord. Nous sommes passés miraculeusement mais le pont s'est écroulé derrière nous et il est tombé avec grand fracas dans le précipice.

3 Personnages • Choisis la bonne réponse.

1. Passepartout se montre prévenant avec son maître parce qu'

   a ☐ il ne veut pas l'incommoder.

   b ☐ il veut lui cacher la vérité.

   c ☐ il a honte de son comportement et de ce qui lui est arrivé.

2. Quelle est la crainte de Fix au sujet de Phileas Fogg lorsqu'ils sont mêlés à la foule des électeurs à San Francisco ?

   a ☐ Il craint un mauvais coup et il veut mettre son homme à l'abri d'un éventuel retard en Angleterre.

   b ☐ Il craint de le perdre de vue si celui-ci prend la fuite.

   c ☐ Il craint de devenir son pire ennemi.

3. Passepartout ne veut pas traverser le pont parce qu'

   a ☐ il est peureux.

   b ☐ il ne veut pas arriver à New York.

   c ☐ il a trouvé une autre solution.

4. Pourquoi Phileas Fogg risque-t-il de se battre en duel ?

   a ☐ Parce qu'il est bagarreur.

   b ☐ Parce que c'est une question de vengeance et d'honneur.

   c ☐ Parce qu'il a fait un pari et qu'il veut le gagner.

4 Lexique • Dis si les affirmations sont vraies (V) ou fausses (F). Puis corrige les fausses.

	V	F
1. Une patrie est un objet qui nous appartient depuis la naissance.	☐	☐
2. Un adversaire est une personne unie à une autre dans un combat, un jeu ou autre.	☐	☐
3. Un criminel est une personne qui subit un crime.	☐	☐
4. La cohue est un chant désordonné.	☐	☐
5. Le poing est une partie minuscule de la main.	☐	☐
6. Un convoi est une suite de véhicules de transport qui ont la même destination, qui font route ensemble.	☐	☐

1 Compréhension • Réponds aux questions.

1. Comment le colonel Proctor aborde-t-il Phileas Fogg ?
2. Pourquoi le colonel Proctor et Phileas Fogg sont-ils enfermés dans le wagon ?
3. Pourquoi le conducteur du train supplie-t-il Phileas Fogg d'arrêter le train ?
4. Qu'est-ce qui attire les soldats du fort Kearney ?
5. Pour quelle raison Phileas Fogg demande-t-il à Fix de rester auprès de Mrs. Aouda ?
6. Pourquoi Mrs. Aouda quitte-t-elle régulièrement la salle d'attente de la gare ?
7. Pour quelle raison nos héros voyagent-ils en traîneau à voile ?
8. Après New York quelle est la prochaine destination de nos héros ?

2 Images à lire • Regarde les illustrations des pages 52 et 55 et réponds aux questions.

1. Qu'est-ce que représente l'image de la page 52 ?
2. Que voit-on par la fenêtre ?
3. Qu'arrive-t-il à Passepartout dans l'illustration de la page 55 ?
4. Quelle est l'attitude des Sioux ?

3 Lexique • Complète les mots en t'aidant des définitions ci-dessous.

1. Un édifice construit pour la défense d'un lieu important : F _ _ _
2. Un combat entre deux adversaires en réparation d'une offense : D _ _ _
3. Personne qui a reçu un coup, un projectile produisant une plaie : B _ _ _ _ _
4. Partie du train qui remorque un convoi de voitures ou de wagons sur une voie ferrée : L _ _ _ _ _ _ _ _
5. Une personne qui ne peut pas s'échapper : P _ _ _ _ _ _ _ _
6. Véhicule servant à glisser sur la neige: T _ _ _ _ _ _ _

4 Lexique • **Donne une définition des termes suivants avec tes propres mots.**

1. Témoin : ....
2. Bande : ....
3. Acrobate : ....
4. Aube : ....

5 Personnages • **Associe chaque personnage à la phrase qu'il prononce et au sentiment qu'il manifeste ou éprouve.**

détermination   provocation   culpabilité   méfiance

1. ☐ Phileas Fogg : ....
2. ☐ Détective Fix : ....
3. ☐ Passepartout : ....
4. ☐ Colonel Proctor : ....

b Je le retrouverai, mort ou vivant !

a Quand vous voudrez et où vous voudrez... et à l'arme qui vous plaira !

d Décidément, je coûte cher à mon maître !

c C'est évident, il a compris qui je suis et il s'enfuit au premier prétexte !

6 Production orale • **Durant leur course contre la montre, nos héros sont contraints d'utiliser un traîneau à voile. Ce moyen de transport te semble-t-il insolite ? Aimerais-tu voyager à son bord ? Explique pourquoi.**

1 Compréhension • Dis si les affirmations sont vraies (V) ou fausses (F). Puis corrige les fausses.

V   F

1. L'*Henrietta* est un *steamer* à coque de bois et aux hauts en fer.

2. Le 16 décembre un tiers de la traversée de l'Atlantique est accomplie par nos voyageurs.

3. À cause du manque de combustible Mr. Fogg est contraint d'accoster au port le plus proche.

4. Phileas Fogg se retrouve, à cause de Fix, dans un poste de police à Dublin.

5. Fix a commis une erreur en arrêtant Phileas Fogg car le véritable voleur a déjà été arrêté.

6. Le détective Fix s'est trompé sur l'identité du voleur du fait d'une ressemblance incroyable entre le gentleman anglais et le véritable coupable.

2 Compréhension • Associe les dates et les horaires ci-dessous aux événements et projets du voyage de Phileas Fogg.

> le 11 décembre   le 21 décembre à 8h45   le 21 décembre à midi moins vingt
> le 12 décembre au soir   le 20 décembre   pas avant le 14 décembre

1. Départ du *China* : ....

2. Départ prévu des autres bateaux présents au port de New York : ....

3. Date de retour au Reform Club : ....

4. Départ prévu de l'*Henrietta* : ....

5. Phileas Fogg et son équipage accostent à Queenstown : ....

6. Arrivée à Liverpool : ....

3 Compréhension • À partir de là, le détective Fix pense que Fogg est un pirate. Mais en réalité, qu'est-ce qui pousse le gentleman anglais à agir de la sorte dans ce passage ? Indique les réponses correctes parmi celles proposées.

1. ☐ Une mauvaise conduite.
2. ☐ Le désir de faire fortune.
3. ☐ L'esprit d'aventure.
4. ☐ La volonté de divertir les voyageurs.
5. ☐ L'idée de commettre un vol.
6. ☐ Le désir de trouver une cachette.
7. ☐ La détermination de tenter le tout pour le tout pour gagner son pari.
8. ☐ La volonté d'impressionner Mrs. Aouda.
9. ☐ Une dernière tentative d'échapper à la police.

4 Lexique • Place les mots dans la bonne rubrique.

les hauts en bois   la barre   le navire   le mécanicien   le pont   la cabine
le *steamer*   la coque de fer   la carcasse   le bateau   le capitaine

Type d'embarcation	Partie ou zone du bateau	Membre d'équipage	Élément structural du bateau
....	....	....	....
....	....	....	....
....			....
			....

5 Production écrite • Le voyage de Dublin à Liverpool semble interminable, parce que les personnages sont très pressés mais aussi à cause de nouvelles mésaventures. Imagine ce voyage et produis un petit récit narrant cette nouvelle aventure.

1 Compréhension • **Associe aux questions les passages du livre proposés.**

1. Quel passage montre que Phileas Fogg, comme n'importe qui d'autre, peut manifester sa colère par un geste fort ?

2. Quel passage montre la modestie et la générosité de Fogg vis-à-vis de Mrs. Aouda ?

3. Quelle phrase montre que Phileas Fogg est capable d'exprimer ses sentiments ?

4. Quel passage montre que Phileas Fogg n'est pas un homme infaillible et qu'il peut commettre de graves erreurs ?

5. Quel passage montre que Phileas Fogg n'est pas un homme rancunier et qu'il fait preuve d'une grande générosité?

6. Quelle phrase indique que Phileas Fogg est un homme de principes et attaché aux règles établies?

7. Quelle phrase montre l'état de plénitude et de satisfaction de Phileas Fogg ?

a ☐ « Pour la régularité, il retient à son serviteur le prix de mille neuf cent vingt heures de gaz dépensé par sa faute. »

b ☐ « Les mille livres restantes, il les partage entre l'honnête Passepartout et le malheureux Fix, auquel il est incapable d'en vouloir. »

c ☐ « Je vous aime et je suis tout à vous. »

d ☐ « Sans s'en douter, Phileas Fogg qui a voyagé toujours vers l'est, a gagné un jour sur son itinéraire. »

e ☐ « Madame, je vous prie d'accepter les biens qui me restent. »

f ☐ « Il regarde le détective dans les yeux et en un seul mouvement, il frappe de ses deux poings. »

g ☐ « Si je n'avais pas traversé l'Inde, Mrs. Aouda ne pourrait pas aujourd'hui devenir ma femme. »

2 Production orale • **Discute en t'aidant des questions ci-dessous.**

1. Phileas Fogg a noté scrupuleusement toutes les dates et tous les horaires dans son carnet de voyage. Mais qu'a-t-il oublié de considérer de fondamental au cours de son aventure autour du monde ?

2. Qu'est-ce qui a porté chance à Phileas Fogg ?

L'utilisation de la préposition *de*

Passepartout est chargé *de* prévenir immédiatement le révérend Wilson pour célébrer le mariage le lendemain.

Beaucoup de verbes en français sont suivis de la préposition **de**.

- La préposition *de* se trouve dans les contructions impersonnelles formées de *être + adjectif +* **de** *+ infinitif*.

  Il est très possible **de** *parcourir la distance Liverpool-Londres en cinq heures trente.*

- La préposition **de** est également utilisée pour la construction impersonnelle avec les verbes *suffire, convenir +* **de** *+ infinitif*.

  Il suffit **de** *demander, si vous voulez savoir !*

Attention En français la préposition *de* n'est pas utilisée après les verbes d'opinion *croire, espérer, penser, souhaiter*.

J'espère pouvoir me rendre à Londres dans les plus brefs délais.

Ils pensent arriver demain.

3 Grammaire • Complète avec la préposition *de* ou *d'* dans les cas où elle est nécessaire.

1. Elle souhaite .... rester à Londres.

2. Il est content .... réussir dans son entreprise.

3. Il est facile .... traiter une telle affaire.

4. Ils croient .... avoir raison.

4 Personnages • Fais la description de Mrs. Aouda en choisissant des adjectifs parmi ceux proposés. Attention : certains d'entre eux ne lui conviennent pas.

> jeune   polie   sensible   impliquée   volontaire   laide   modeste
> sincère   drôle   exubérante   impassible   affectueuse

1 Écoute le récit de ce père de famille lancé sur les traces de Phileas Fogg et dis si les affirmations sont vraies (V) ou fausses (F). Puis corrige les fausses.

piste 08

V F

1. Le père et sa famille visitent Londres en 2015.
2. La maison de Phileas Fogg se trouve dans un quartier résidentiel.
3. Les touristes trouvent immédiatement la maison de Phileas Fogg au numéro 47 de Savile Row.
4. Le magasin d'Anderson & Co, tailleur, existe depuis le début du XXe siècle.
5. Dans Prince's Street il y a deux boutiques d'antiquités.
6. La maison de Phileas Fogg porte le numéro 7 de Savile Row.

2 Écoute à nouveau le document sonore et réponds aux questions.

piste 08

1. Quelles sont les caractéristiques de Savile Row ?
2. Les habitations et les commerces de la rue datent-ils tous de la même période ?
3. Est-il facile de se repérer dans la rue et pourquoi ?
4. Quelle hypothèse fait le tailleur du magasin d'Anderson & Co au sujet de l'adresse de Phileas Fogg dans le roman ?
5. Pourquoi le père et sa famille ne trouvent-ils pas la maison de Phileas Fogg à l'adresse relevée avant son départ et à qui la faute ?
6. Quelles sont les impressions de la famille française une fois sur place ?

3 Écoute la présentation de Mumbai et dis si les affirmations sont vraies (V) ou fausses (F). Puis écoute une deuxième fois et corrige les fausses.

		V	F
1.	Bombay s'appelle aujourd'hui Mumbai.	☐	☐
2.	Mumbai compte 8 millions d'habitants.	☐	☐
3.	Subhashandra Bose est une figure importante du nationalisme indien.	☐	☐
4.	Subhashandra Bose luttait aux côtés de Ghandi.	☐	☐
5.	Des artisans locaux ont réalisé la gare Chhatrapati Shivaji.	☐	☐
6.	Le dôme de la gare rappelle les anciens palais indiens.	☐	☐
7.	La construction de la gare a commencé en 1978.	☐	☐
8.	Il y a des embarcadères en face de l'hôtel Taj.	☐	☐

▶ La gare Chhatrapati Shivaji à Mumbai.

Les pagodes

Ces édifices religieux, issus du stupa indien et consacrés au culte du Bouddha en Extrême-Orient sont dorénavant présents dans le monde entier. Surfe sur Internet et cherche des informations à leur sujet.

Réponds aux questions.

1. De quel pays vient le mot pagode et que désigne-t-il ?
2. En règle générale, quel est l'aspect formel des pagodes ?
3. En quels matériaux sont construites les pagodes ?
4. Qu'est-ce que les pagodes sont censées contenir ou protéger ?
5. Quelle religion est pratiquée au sein de ces édifices ?
6. Où se trouve la pagode Khánh Anh et quelle est sa particularité ?

Les Sioux

Appartenant à une ethnie amérindienne des grandes plaines des États-Unis et du Canada, cette tribu existe encore de nos jours. Surfe sur Internet et cherche des informations à son sujet.

Réponds aux questions.

1. À combien est évaluée la population totale des Sioux ?
2. Quelles langues parle le peuple Sioux ?
3. Que signifie le mot « sioux » ?
4. Les Sioux ont-ils toujours des chevaux et des fusils pour se battre ?
5. Quelle chasse ancestrale pratiquent-ils encore aujourd'hui ?
6. Quel est le nom des chefs Sioux célèbres ? Donne les raisons de leur célébrité.

1 Compréhension orale • Écoute le dialogue entre l'employé de l'agence de voyage et une cliente qui veut aller à Londres de Paris et dis si les affirmations sont vraies (V) ou fausses (F).

V F

1. Le départ du vol de retour qu'on lui propose est prévu à 18h20.
2. Le vol aller Paris-Londres coûte 74 euros.
3. L'hôtel que propose l'employé de l'agence de voyage est un hôtel une étoile.
4. L'employé propose un hôtel avec une formule demi-pension à la jeune femme.
5. Les nuitées à Londres plus le vol coûtent 1664 €.
6. La jeune femme est intéressée par l'offre proposée.
7. La jeune femme achète le vol immédiatement.
8. Avec ce voyage, elle souhaite améliorer son niveau d'anglais.

2 Compréhension orale • Écoute à nouveau l'enregistrement et réponds aux questions.

1. À quelle période de l'année la jeune femme souhaiterait-elle partir pour Londres ?
2. Pourquoi la jeune femme préférerait-elle partir en soirée ?
3. Depuis quel aéroport français est prévu le départ en avion ?
4. Quel est le prix des nuits d'hôtel sans le transport ?
5. Si la jeune femme achète son voyage dans cette agence, à quoi aura-t-elle droit ?
6. Dans quel type d'établissement la jeune femme a-t-elle travaillé pendant l'année ?

3 Compréhension écrite • **Lis le document à propos de la Journée mondiale des filles et réponds aux questions.**

Le 11 octobre, c'est la Journée mondiale des filles

Comme tout le monde sait, le 8 mars est dédié aux femmes, mais, depuis le 19 décembre 2011, il existe la Journée mondiale des filles et le 11 octobre est le jour qui leur est consacré. Cette Journée déclarée par l'Assemblée générale des Nations Unies est l'occasion idéale pour attirer l'attention du monde sur la situation actuelle des filles. Au cours de cette journée, il est question d'éducation, d'instruction, et de protection mais l'objectif est surtout de promouvoir l'autonomisation des filles et le respect de leurs droits humains.

Une telle journée existe parce que, dans de nombreux pays, les filles sont aujourd'hui encore moins bien traitées que les garçons. Souvent, elles sont moins bien nourries qu'eux, mariées de force, victimes de violences, ou privées de soins et d'école. Or, sans éducation, elles sont réduites à l'analphabétisme et à la pauvreté.

En Asie, la jeune Pakistanaise Malala Yousafzai, née en 1997, lutte depuis 11 ans pour défendre l'éducation des filles. Mais, le 9 octobre 2012, elle a failli mourir après une attaque des talibans [1]. Elle a été soignée en Angleterre, où elle vit désormais. Depuis, elle est devenue le symbole mondial de la lutte pour les droits et l'éducation des filles et elle a reçu de nombreuses récompenses.

---

1. un taliban : quelqu'un qui adhère à un mouvement fondamentaliste musulman.

1. Quelle est la date de la Journée des filles ?
2. Pourquoi est-ce important de lutter pour l'instruction des filles et contre leur analphabétisation ?
3. Qu'est-ce que Malala Yousafzai vise dans sa lutte acharnée ?
4. Où Malala Yousafzai vit-elle aujourd'hui et pourquoi ?

4 Compréhension écrite • Ton professeur t'a demandé d'acheter un livre en français facile mais il tient au respect de certains critères. Le livre doit être un livre d'aventure traitant du thème du voyage. Le niveau désiré est intermédiaire. Il doit compter de 60 à 120 pages et contenir des illustrations et il ne doit pas dépasser les 16 € maximum. Tu as un petit catalogue contenant les résumés de 3 livres à ta disposition: consulte-le et remplis le tableau afin d'arrêter ton choix.

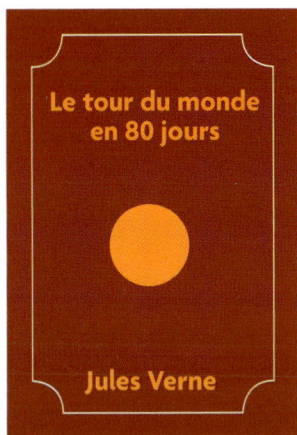

Le tour du monde en 80 jours

Jules Verne

En 1872, un riche gentleman londonien, Phileas Fogg, parie sa fortune qu'il peut faire le tour du monde en quatre-vingts jours. Accompagné de son domestique, le dévoué Passepartout, il quitte Londres pour une formidable course contre la montre. Phileas Fogg a quatre-vingts jours pour prouver que, par la terre et par la mer, l'audace abolit les frontières. Les événements qui se succèdent au cours de leur voyage ne leur laissent aucun répit. Surtout le détective Fix qui, convaincu que Fogg est l'auteur d'un cambriolage, le poursuit sans relâche. Malgré le sort qui s'acharne, nos deux amis vont-ils réussir dans leur entreprise ?

Edition illustrée – Niveau débutant

112 pages

8,80 €

Le Comte de Monte-Cristo

Alexandre Dumas

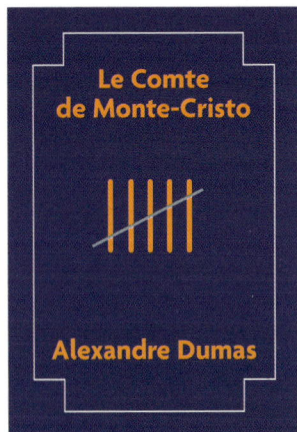

Edmond Dantès, un jeune marin de 19 ans, fait une escale à l'île d'Elba pour satisfaire une des dernières volontés du capitaine Leclère. Il se retrouve porteur d'une lettre compromettante qui le fera passer pour un dangereux bonapartiste et détruira sa vie. À la suite d'une série de mensonges et trahisons, il est enfermé dans la prison du château d'If. Là-bas, il rencontre l'abbé Faria qui devient son maître intellectuel et qui, en mourant, lui donne une carte au trésor. Une fois libre et riche, Dantès se consacre à sa vengeance. Un roman où les aventures et les passions se suivent à un rythme endiablé.

Niveau intermédiaire

120 pages

15,90 €

20 000 lieues sous les mers

Jules Verne

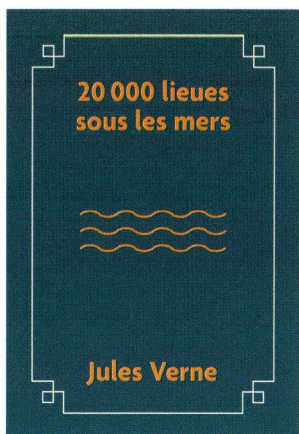

Le scientifique français Pierre Aronnax et son fidèle domestique sont capturés par le capitaine Nemo, qui traverse les océans du globe dans son fameux sous-marin, le *Nautilus*. L'histoire raconte leurs nombreuses aventures, comme un combat avec des calamars géants et d'autres rencontres dangereuses dans les profondeurs inconnues des mers. *20 000 lieues sous les mers* est un des romans les plus connus de Jules Verne. Dans ce livre, l'auteur montre son talent en créant un univers aquatique des plus fascinants.

Édition illustrée

Niveau intermédiaire

98 pages

16 €

	Le tour du monde en 80 jours		Le Comte de Monte-Cristo		20 000 lieues sous les mers	
	OUI	NON	OUI	NON	OUI	NON
Thème du voyage						
Livre d'aventure						
Niveau intermédiaire						
Nombre de pages						
16 € maximum						
Édition illustrée						

Titre choisi : ....

5 Production orale • Lis l'article « Partir seul pour la première fois » :
quelle en est l'idée principale ? Présente-la en donnant ton opinion sur le
sujet. Illustre ton propos à l'aide d'exemples précis.

Partir seul pour la première fois

Un voyage, ça ne s'improvise pas. Entre l'achat des billets de train, les locations
de matériel, d'appartement et les courses, les vacances demandent de
l'organisation. Et pas seulement pour les destinations plus lointaines d'été. « En
partant seuls en vacances, les jeunes apprennent à mettre en place un projet.
Un séjour se prépare en amont. Même pour ceux qui veulent partir avec un
sac à dos à l'aventure, il faut anticiper les difficultés », décrit Michel Fize. Pour
le sociologue, l'âge charnière se situe entre 15 et 16 ans. « C'est le passage de
l'adolescence à la jeunesse. Ça correspond généralement à l'entrée au lycée.
À 15 ans, les jeunes sont en pleine possession de leurs moyens physiques et
psychiques. Ils ont acquis assez d'expérience pour se débrouiller tout seuls. »
Pas forcément la peine d'attendre sa majorité pour lui faire confiance.

D'après *Votre ado part seul*, Hélène Haus, « La parisienne »

6 Production écrite • Ton amie française te contacte pour te faire part de
son intention de s'accorder, comme tu l'as fait l'année dernière, une petite
pause d'un mois à Londres. Elle te demande de bien vouloir lui raconter
ton expérience et souhaite recueillir tes impressions et des informations
pratiques. Réponds-lui par courrier en lui donnant des conseils et des
renseignements utiles (de 160 à 180 mots).

7 Production orale • Raconte ton dernier voyage ou tes dernières vacances.
Où es-tu allé ? Avec qui ? Qui a organisé et financé le voyage ? Combien
de temps a duré ton séjour ? Qu'as-tu fait et qu'est-ce qui t'a le plus plu ?

**TEST
FINAL**

1 Sommaire en images • Remets les dessins dans l'ordre chronologique de l'histoire.

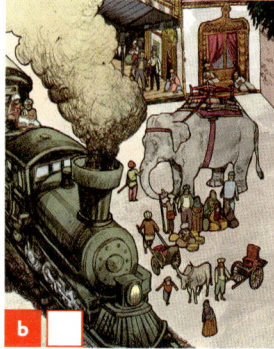

2 Teste ta mémoire • Dans quel lieu se déroulent les évènements suivants ?

1. Phileas Fogg fait un pari. ....

2. Fix questionne Passepartout au sujet de son voyage. ....

3. Passepartout est engagé dans un cirque. ....

4. Le colonel Proctor et Fogg se préparent pour un duel. ....

5. Phileas Fogg et ses compagnons de voyage se déplacent à bord d'un traîneau à voiles. ....

6. Le navire n'a plus de carburant. ....

7. L'inspecteur Fix arrête son suspect. ....

8. Mrs. Aouda demande Phileas Fogg en mariage. ....

3 Teste ta mémoire • Choisis la bonne réponse.

1. Pourquoi Phileas Fogg fait-il apposer systématiquement un visa sur son passeport ?
   - a ☐ Il veut prouver à ses collègues du Reform Club son passage dans les différents lieux traversés.
   - b ☐ Il veut conserver un souvenir de son passage dans les pays visités.
   - c ☐ Il veut être en règle avec la législation locale.

2. Qu'est-ce que Passepartout oublie d'éteindre avant de partir ?
   - a ☐ L'horloge.
   - b ☐ Le bec de gaz.
   - c ☐ Le feu de cheminée.

3. Comment Phileas Fogg est devenu capitaine de l'*Henrietta* ?
   - a ☐ Il a acheté tout l'équipage.
   - b ☐ Il a contraint le véritable capitaine à rester au port.
   - c ☐ Il a livré le capitaine et son équipage à des pirates.

4. Quel est le plus grand succès de Phileas Fogg à son retour à Londres ?
   - a ☐ Il a gagné son pari.
   - b ☐ Il a trouvé l'amour.
   - c ☐ Il a prouvé qu'on pouvait faire le tour du monde en 80 jours.

4 Ce qui arrive • Associe chaque début de phrase à la fin qui lui correspond.

1. Passepartout pense qu'il s'entendra parfaitement avec Mr. Fogg

2. Selon le *Morning Chronicle*

3. Le détective Fix pense reconnaître le voleur de la Banque d'Angleterre le mercredi 9 octobre, à Suez,

4. Puisque la jeune femme indienne Aouda est devenue veuve trois mois après avoir été mariée à un vieux prince indien

5. Pour empêcher le domestique de prévenir son maître du départ anticipé du *Carnatic*,

6. Dans l'État du Nevada un troupeau de bisons passe sur les rails

7. L'attaque du train par une bande de Sioux

8. Phileas Fogg offre 60 000 dollars

9. Phileas Fogg et ses compagnons de voyage sont arrivés à Londres vingt-quatre heures en avance

10. Sans traverser l'Inde Phileas Fogg aurait pu faire le tour du monde en soixante-dix-huit jours seulement

a ☐ car c'est un homme casanier et régulier comme une mécanique.

b ☐ mais ainsi, Mrs. Aouda n'aurait pas pu devenir sa femme.

c ☐ parce qu'en voyageant vers l'est à travers 24 fuseaux horaires, ils ont gagné une heure par fuseau horaire traversé, soit 24 heures au total.

d ☐ pour acheter l'*Henrietta* et brûler à son bord tout ce qui peut lui servir comme combustible.

e ☐ empêche le colonel Proctor et Mr. Fogg de se battre en duel.

f ☐ l'inspecteur Fix invite Passepartout à prendre un verre et l'enivre.

g ☐ il est possible de faire le tour du monde en quatre-vingts jours depuis l'ouverture de la section entre Rothal et Allahabad sur le « Great Indian peninsular railway ».

h ☐ elle doit être sacrifiée et brulée vive avec son défunt mari.

i ☐ parce que l'homme correspond au signalement du voleur en sa possession et parce qu'il est persuadé que le coupable se trouve à bord du *Mongolia*.

j ☐ et oblige le train à s'arrêter jusqu'à la fin du défilé.

PERSONNAGES

(1) Utilise les mots ci-dessous pour décrire les personnages et les traits de leur caractère.

flegmatique •
courageux •
généreux • sincère •
déterminé • fidèle •
fort • débrouillard •
sournois •
avide • honnête •
sensible • dévoué

RÉFLEXION

(2) Choisis la valeur la plus importante que tu associerais à chacun des chapitres du livre.

débrouillardise   amour   ponctualité   honneur
malhonnêteté   ténacité   solidarité   héroïsme   courage

Chapitre 1-3 ▶

Chapitre 4-6 ▶

Chapitre 7-9 ▶

📖 L'HISTOIRE

(3) Souligne les mots qui ont un rapport avec l'histoire du *Tour du monde en 80 jours* et classe-les à l'intérieur des deux catégories indiquées, « positif » et « négatif ».

Tristesse   Persévérance

Succès   Solidarité   Cruauté

Aventure   Amitié

Ambition   Amour   Jalousie

Échec   Espérance   Courage

Renonciation   Loyauté   Vengeance

POSITIF	NÉGATIF

👉 À TON TOUR !

(4) Réalise ton propre tableau en sélectionnant, parmi les mots de l'exercice précédent, ceux qui se rapportent le mieux aux valeurs auxquelles tu donnes le plus d'importance dans la vie quotidienne.

Les structures grammaticales employées dans les lectures graduées sont adaptées à chaque niveau de difficulté. Tu peux trouver sur notre site Internet, blackcat-cideb.com, la liste complète des structures utilisées dans la collection.

L'objectif est de permettre au lecteur une approche progressive de la langue étrangère, un maniement plus sûr du lexique et des structures grâce à une lecture guidée et à des exercices qui reprennent les points de grammaire essentiels.

Cette collection de lectures se base sur des standards lexicaux et grammaticaux reconnus au niveau international.

Niveau Trois B1

Adjectifs indéfinis, ordinaux
Adverbes de fréquence, de lieu
Comparatif
Complément du nom
Conditionnel de politesse
Futur proche
Il faut + infinitif
Impératif négatif
Indicatif : passé composé, imparfait, futur
Négation complexe

Participe passé
Passé récent
Prépositions de lieu, de temps
Présent progressif
Pronoms « on », personnels compléments, interrogatifs composés, relatifs simples
Réponses : *oui, si, non, moi aussi, moi non plus*
Verbes
Y / En

Niveau Deux

Si tu as aimé cette lecture, tu peux essayer aussi...

- *Voyage au centre de la terre*, de Jules Verne
- *Le comte de Monte-Cristo*, d'Alexandre Dumas
- *Candide*, de Voltaire

Niveau Trois

...ou tu peux choisir un titre du niveau suivant !

- *Double assassinat dans la rue Morgue et La lettre volée*, de Edgar Allan Poe
- *Le Mystère de la chambre jaune*, de Gaston Leroux
- *Vengeance à la Réunion*, de Nicolas Gerrier